JOURNAL D'UN CONSCRIT

AU

42ᵉ RÉGIMENT D'INFANTERIE

DE MARCHE

PENDANT LA GUERRE DE 1870-71

Fait hommage par l'auteur
à la Bibliothèque nationale
Paris le 12/11 1909

Jules Guyard
à Arc-les-Gray
(Hte-Saône)

JOURNAL D'UN CONSCRIT

AU

42ᵉ RÉGIMENT D'INFANTERIE

DE MARCHE

PENDANT LA GUERRE DE 1870-71

GRAY

IMPRIMERIE ET LITHOGRAPHIE DE GILBERT ROUX

—

1909

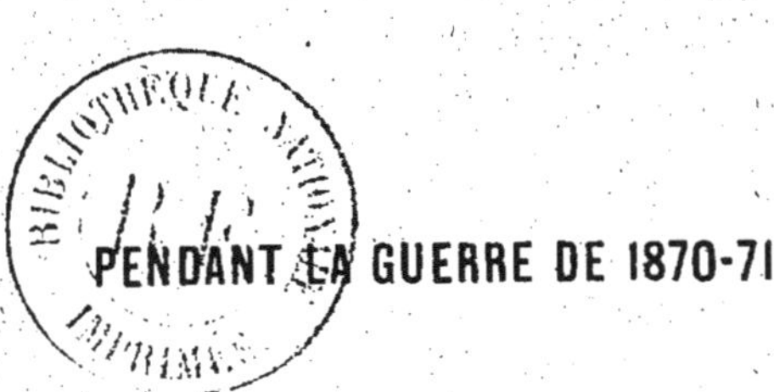

PENDANT LA GUERRE DE 1870-71

INTRODUCTION

Jusqu'ici les récits de guerre étaient rédigés par des officiers ou par des érudits.

Les premiers envisageaient les faits au point de vue du commandement, de la tactique et de la stratégie, les autres récoltaient des souvenirs épars, compulsaient des documents d'archives et en tiraient un récit, certainement assez exact, mais qui avait le tort de n'avoir pas été vécu par l'auteur.

Depuis quelque temps les recherches de ces érudits ont amené la mise au jour de récits de soldats, qui n'ont plus, sans doute, la recherche de la science militaire, ni même du style littéraire, mais du moins peignent l'état d'esprit des grandes masses qui se meuvent sur les champs de bataille et sont des récits animés et pittoresques.

C'est à ce titre que nous publions dans le Bulletin de la Société grayloise d'émulation ce *Journal d'un conscrit pendant la guerre de 1870-71*. C'est un document nouveau apporté à l'histoire de cette triste période.

L'auteur de ce journal, M. Jules-Nicolas Guyard, est né à Mantoche le 13 Juin 1850.

Son père était entrepreneur des travaux du canal de dérivation de la Saône. C'est lui qui au cours de ces travaux, découvrit en 1837 dans un de ses champs où il extrayait du sable, le magnifique tombeau gallo-romain qu'il donna à la ville de Gray et qui orne actuellement le vestibule de l'Hôtel-de-Ville. Jules Guyard perdit ses parents de bonne heure ; sa mère succomba dans l'épidémie de choléra en 1854 et son père mourut quatre ans après. L'orphelin fut recueilli par des membres de sa famille, son instruction primaire commencée à Mantoche, fut continuée à Arc et se ressentit, évidemment, de ces changements de situation. Très désireux de s'instruire, il acquit l'instruction qu'il possède, surtout par lui-même par des lectures, et son Journal porte bien l'empreinte de ce genre d'autodidactes.

Il était employé de commerce à Paris quand la guerre éclata. Comme il était de la classe 1870 et avait eu le n° 7 au tirage au sort, il fit partie du contingent de la Haute-Saône et fut incorporé au 8ᵉ de Ligne le 16 septembre 1870. Il passa au 42ᵉ régiment de marche, le 18 octobre, fit avec ce régiment la campagne de la Loire et celle de l'Est, et fut interné en Suisse du 2 février au 20 mars 1871. De retour en France il fut incorporé au 42ᵉ de Ligne, le 27 mars 1871, et passa au 17° le 26 octobre ; un mois après il fut admis à cause de ses aptitudes à l'emploi de secrétaire du Trésorier, fut promu caporal le 26 avril 1872, sergent le 24 mai 1874 et continua, de 1873 à 1875, à remplir les fonctions de secrétaire du major, non officiellement. Il fut libéré du service actif le 10 août 1876, muni des meilleurs certificats.

Pendant sa campagne il eut la chance de s'en tirer

sans blessure. Sa compagnie était ordinairement de garde à l'artillerie, ce qui lui permit de se rendre compte de l'aspect des combats du moins autour de la position qu'il occupait. Il commença à prendre des notes journalières, sur les faits dont il était témoin, à partir d'octobre 1870 ; il mit ses notes en ordre et les compléta pendant son internement en Suisse. La rédaction définitive de son journal fut exécutée en 1874.

Nous publions ce récit intégralement voulant lui laisser sa saveur originale, l'auteur gardant la responsabilité des appréciations qu'il émet. A ce point de vue, surtout, le document est intéressant car il peint bien l'état d'esprit de cette malheureuse armée. Sans aller jusqu'à la trahison, il ressort clairement que les chefs n'avaient aucune confiance dans leurs soldats improvisés et que ceux-ci n'avaient aucune confiance dans leurs chefs. De là les hésitations regrettables du commandement, hésitations qui ressemblaient, en effet, à de la trahison par ses résultats. On y voit enfin une fois de plus la désorganisation complète des services auxiliaires et de l'intendance.

A. GASSER,

AVANT-PROPOS

En écrivant ces lignes, j'ai pris la résolution de me faire le champion du droit de mes camarades, et de faire sortir la vérité de ce chaos de récits, plutôt faits pour la défense de la cause de leurs auteurs, que pour dépeindre les faits de cette malheureuse campagne.

Je n'ai pas, chers lecteurs, la prétention de vouloir me donner pour savant, don que je ne possède pas. Dans mon récit, vous n'y trouverez pas le beau style de Fénelon, mais vous y trouverez celui de la vérité ; il vous sera d'autant plus facile de me comprendre, car je n'ai aucune cause à défendre, je n'ai pas non plus mon honneur à sauvegarder, puisque dans cette campagne, j'ai combattu dans les rangs de l'armée française comme simple soldat ; j'ai donc fait ou dû faire mon devoir : dans le cas où je ne l'aurais pas fait, c'était à mes chefs à me punir, et non à moi à me justifier aujourd'hui.

Je vais donc, chers lecteurs, vous dépeindre, au jour le jour, les faits et le moral de la troupe, c'est-à-dire que je me borne à vous exposer les faits avec autant d'impartialité qu'un peintre qui ayant suivi les combattants, aurait peint ces scènes terribles sur son tableau, et sans chercher à vouloir démontrer ce que l'on aurait dû faire à la place de ce que l'on a fait ; cependant dans quelques passages, où le sort de nos armées était dans un péril imminent ou proche de la victoire, ma plume s'est peut-être un peu écartée de la limite que je m'étais tracée, car elle ne pouvait écrire ces faits sans s'y arrêter et démontrer ce que les moins expérimentés de mes camarades ont vu.

J'ose espérer, chers lecteurs, que vous voudrez bien me pardonner ces petites infractions, car je n'ai souhaité qu'ardemment la victoire à nos armes et chaque fois qu'elle nous échappait, j'en avais le cœur aussi navré que si j'eusse perdu un de mes plus chers parents ou amis. Je vous prierai aussi de m'accorder votre plus grande indulgence.

JULES GUYARD
Ancien soldat de la 2me Compagnie du 2me Bataillon du 42e Régiment d'Infanterie de Marche.

—

PREMIÈRE PARTIE

ARMÉE DE LA LOIRE

—

LA DÉCLATION DE GUERRE

Sans avoir d'opinion, sans être d'aucun parti, un homme sait juger, bien ou mal, la situation de son pays, surtout dans un moment périlleux tel que celui où nous nous trouvons ; je ne songe qu'avec douleur sur le sort de notre patrie ; il me semble déjà voir les phalanges prussiennes s'abattre sur notre sol ; les journaux ont beau représenter les petits défauts de l'armée prussienne il en existe de grands dans la nôtre. Le premier le plus terrible de tous, la division des partis devant l'étranger ; le deuxième, l'effectif de nos troupes établi par la statistique même du plébiscite ; procédé qui n'a pas échappé aux Prussiens, car M. de Bismarck, le lendemain du triomphe plébiscitaire, disait à qui voulait l'entendre : « L'inquiétude de l'Empereur est une garantie de notre force, nous n'avons rien à craindre d'une armée de deux cent mille indisciplinés en face de notre million de soldats. Dès aujourd'hui nous pouvons entrer en campagne et la France ne le peut plus ».

Le plébiscite n'a accusé que trois cent et quelques

mille hommes sous les armes, et disséminés sur le territoire français. Voilà ce que nous avons à opposer contre les masses formidables que la Prusse a déjà entassées au delà du Rhin, prêtes à envahir la France au premier signal.

***

Voici la statistique des deux armées :

Les troupes de la Confédération se composaient :

354 Bataillons d'infanterie.

18 Bataillons de chasseurs.

76 Régiments de cavalerie.

13 Régiments d'artillerie de campagne.

13 Bataillons de génie.

9 Régiments de siège.

16 Régiments de train.

218 Bataillons de Landwehr.

La Confédération du Nord donne seule un total de 766.000 hommes dont 82.500 cavaliers et 1.700 canons.

La Bavière, un total de 117.500 hommes et 240 canons.

Le Wurtemberg, 35.000 hommes et 65 canons.

Enfin le grand duché de Bade, 30.000 hommes et 64 canons.

Total général : 937.000 fantassins, 100.000 cavaliers, 2 050 canons.

Assurément ce million d'hommes ne peut pas tenir la campagne à la fois ; il faut défalquer de ces chiffres 300.000 hommes pour la réserve, les dépôts et les garnisons des places fortes, mais en appelant ensuite sous les drapeaux le deuxième ban de la landwehr, ainsi que les contingents de 1870 et 1871, l'Allemagne peut mettre en ligne une deuxième armée aussi formidable que la première.

Ainsi la France se trouve en présence de deux millions d'hommes aguerris. La France presque désarmée en face de ce pays armé, a un effectif qui est plus qu'illusoire et que le budget de la guerre a réduit de plus en plus, mais sans réduire... son budget !

***

Voici la récapitulation générale de nos forces.

Armée Active

| 368 bataillons | { | sans les réserves, à 500 hommes.
avec les réserves, à 700 hommes. |
| 352 escadrons | { | sans les réserves à 100 hommes.
avec les réserves à 130 hommes. |

3 Régiments du génie.
984 Canons de campagne ou mitrailleuses.

Réserve de l'armée active

115 Bataillons de dépôt tenant les garnisons : la mobile instruite et équipée les aurait remplacés, mais elle n'était pas prête.

68 Escadrons de dépôt.

Armée de réserve

La Mobile, sur le papier seulement.

Armée du Rhin

332 Bataillons.
220 Escadrons.
924 Pièces.
37 Compagnies du génie.

FRONTIÈRE D'ESPAGNE

12 bataillons
6 escadrons } formant une division.

A CIVITA-VECCHIA

6 bataillons
2 escadrons } une brigade.
12 pièces

EN ALGÉRIE

18 bataillons
24 escadrons } une division et trois brigades.
48 pièces

Il existe 3216 pièces de 4, 8 et 12 ; mais 984 seulement sont attelées.

***

Lorsque la ¡Prusse peut mettre sous les armes près de deux millions d'hommes, la France ne peut mettre que 420.000 hommes ! L'armée du Rhin place en ligne 154.000 hommes et les cinq corps Bazaine en ont 273.000, c'est-à-dire que la réserve est plus forte que l'armée active.

Jamais plus d'imprévoyance, jamais plus d'incurie n'a signalé nos fautes militaires.

Il est vrai que l'Empire compte sur l'impression d'une grande victoire, sur l'incendie des places fortes, par ses mitrailleuses, sur l'apparition de ses turcos pour faire fuir et dissiper l'armée de Guillaume « comme une bulle de savon ! »

L'imprévoyance de Napoléon III et de son entourage est si grande que l'Allemagne ne peut y croire. De là l'effroi des populations d'Outre-Rhin, qui redoutent une force inconnue. De là cette peur d'un côté, cette rage de l'autre qui donneront à cette guerre un caractère odieux et sauvage.

Troisièmement, Emile Olivier a déclaré à la Chambre, dans sa séance du 15 juillet 1870, qu'il acceptait la guerre d'un cœur léger, que doit-on tirer [de bon, d'un premier ministre déclarant au milieu d'une assemblée, qu'il verra d'un cœur léger notre malheureuse armée, aller se faire égorger par les hordes allemandes ?

Quatrièmement, ce qui me surprend le plus, c'est que la Marseillaise, toujours proscrite sous un gouvernement despotique, est chantée aux Tuileries, et dans toutes les réunions de l'aristocratie impériale : pourquoi ce revirement subit ? L'aristocratie serait donc l'esclave et le peuple le tyran ? Le souverain aurait donc à se plaindre avec ses quarante millions ? L'aristocratie serait donc mécontente de ses places d'honneur ? Cependant le peuple a autrement à se plaindre, si l'on juge qu'il y a déjà des milliards de dettes : sans compter ceux que cette guerre va entraîner et que c'est lui qui les paiera à la sueur de son front : et ce sont ses enfants qui vont se faire tuer pour les caprices et la politique de cette aristocratie. Pourquoi donc, parmi cette dernière, cette joie frénétique à déclarer une guerre pour laquelle nous ne sommes pas prêts, contre un peuple qui est déjà sous les armes, et qui cependant désire plutôt la paix que la guerre ?

Pour cette guerre injuste, déclarée par la France, ou du moins par un gouvernement despotique et sanguinaire, sous le simple prétexte que la Prusse veut mettre un Hohenzollern sur le trône d'Espagne; prétexte futile pour effacer les seize milliards de dettes dont le budget se trouve grevé par une guerre dans laquelle notre nouveau César croit sortir vainqueur. Dieu permettra-t-il qu'un pareil monstre, employant un subterfuge, sorte triom_ phant, et puisse montrer encore à nos voisins une puissance éphémère ? Non, nous verrons ce César indomptable du moyen âge, ce vainqueur du 2 décembre et de Mantana, et dans les guerres folles contre la Crimée, l'Autriche, le Mexique et la Chine, rendre son épée à la tête de quatre-vingt mille hommes ! O Mânes du premier empereur, vous tressaillerez dans votre tombeau à la nouvelle du désastre de Sedan, et de la France après cette deuxième invasion !

N'est-ce donc pas l'intérêt de l'Europe entière d'empêcher la prépondérance de la Prusse sur l'Espagne ; est-ce donc à la France seule de l'en empêcher ? Cependant c'est elle la plus coupable sur ce point ; n'a-t-elle pas, elle aussi, imposé des rois à ses voisins ? Pourquoi le coupable se fait-il seul le champion du droit ? Pourquoi aussi ces colonnes qui sillonnent les rues de Paris en faveur de la guerre, reçoivent-elles les sympathies du gouvernement et de ses journaux, tandis que celles qui sont en faveur de la paix sont impitoyablement maltraitées par les agents de la rue de Jérusalem.

Ceux qui font partie de ces derniers et qui ont la mauvaise chance de se laisser prendre par les agents, n'ont en arrivant dans les postes de police, qu'un droit illimité aux mauvais traitements, à se voir frappés avec une cruauté inouïe, victimes sans défense ; ils n'ont droit ensuite pour un temps plus ou moins long, qu'aux prisons qui leur sont libéralement ouvertes. Ces colonnes en faveur de la paix, parce qu'elles forment une opposition qui a, malgré les persécutions, le courage de montrer au gouvernement impérial, en face même de ces casse-cou, les fautes et les issues funestes de cette guerre, son abreuvées d'outrages. Cependant quelques jours suffiront pour prouver qu'elles ont raison et que leurs craintes sur les dangers de la patrie sont justement fondées. En effet, le 23 juillet, la lecture de cette proclamation que l'Empereur a fait afficher dans les rues de Paris où il a la franchise de dépeindre au peuple la situation de la France dans ces deux lignes : « La guerre sera longue et pénible », fait ouvrir les yeux à ceux qui, grâce à l'activité dévorante, des agents de M. Piétri (Préfet de police) et autres, ont accepté la guerre avec frénésie, sont déçus maintenant de leurs espérances, et un morne silence règne dans les rues de Paris ; chacun comprend alors la faute commise.

SARREBRUCK

La victoire de Sarrebruck est le dernier artifice de notre souverain : sachant à quel point les esprits sont mobiles en France, l'empereur, pour ne pas laisser à l'enthousiasme le temps de se refroidir, offrit au pays un combat préliminaire. De concert avec le général Frossard, il combina l'expédition de Sarrebruck, ville ouverte, défendue par quelques bataillons seulement.

La présence du prince impérial à cet engagement est grossièrement exploitée, et elle montre dès l'entrée en campagne, le but césarien de cette guerre :

La réclame, envoyée sous forme de dépêche intime à l'impératrice et faite pour surexciter la fibre dynastique des Français, indigne tous les honnêtes gens.

Voici cette dépêche, annonçant la victoire de Sarrebruck et envoyée au *Gaulois* :

DÉPÊCHE PARTICULIÈRE ENVOYÉE A L'IMPÉRATRICE :

« Louis vient de recevoir le baptême du feu ; il a été
« admirable de sang-froid, et n'a nullement été impres-
« sionné.

« Une division du général Frossard a pris les hauteurs
« qui dominent la rive gauche de Sarrebruck.

« Les Prussiens ont fait une courte résistance.

« Nous étions en première ligne, mais les balles et les
« boulets tombaient à nos pieds.

« Louis a conservé une balle qui est tombée tout auprès
« de lui.

« Il y a des soldats qui pleuraient en le voyant si calme.

« Nous n'avons eu qu'un officier tué et dix hommes
« blessés.

« NAPOLÉON ».

Que penser de cet enfant qui n'est nullement im-
pressionné devant l'incendie d'une ville, et le massacre
d'une surprise sanglante ?

Que penser d'un père qui offre à son jeune fils ce
spectacle hideux, révoltant, lugubre, comme une récom-
pense de son passé et une promesse de son avenir ?
L'Europe à cette naïve et épouvantable dépêche est saisie
d'indignation et d'épouvante.

Les Prussiens, qui aiment la famille, sont saisis
d'une stupeur haineuse devant un homme qui sert comme un jouet sinistre, à son fils, une tuerie d'Allemands !

L'ennemi se demande ce qu'il deviendra avec un
pareil homme en cas de revers.

Le canon de Wissembourg, les fusillades de Forbach
répondront bientôt par de cruelles représailles, à cette
petite tuerie préparatoire donnée en distraction à un
enfant par un impérial père !

WISSEMBOURG

Dès la défaite de Wissembourg, l'empereur ne peut
plus revenir à Paris. La France est édifiée sur l'Empire
et sur l'empereur, les rameaux d'olivier n'abritent plus
aucune fiction ; la victoire appartient aux vaincus du 15
juillet parlementaire.

SEDAN

La France qui, un moment, s'est laissé aller à la gloire, qui, par naïveté, entra, fière de sa tradition funeste, dans les calculs ténébreux de Napoléon III, la France est trop punie et les vaincus de décembre sont eux-mêmes trop vengés par la Prusse, parce qu'ils ne profitent pas assez de l'indignation publique.

LE 4 SEPTEMBRE 1870

Aux nouvelles de nos premiers désastres, des murmures s'élèvent, la nouvelle du désastre de Sedan fait crouler le trône de ce César incapable, et une ombre de République est proclamée sur les ruines sanglantes de l'Empire.

> Pour un instant, je suis prophète :
> Oui, malgré le flot révolté
> Et la rage de la tempête,
> Le vaisseau de la liberté,
> Un jour, verra sa banderolle
> Un jour, en dépit des pervers,
> Flotter de l'un à l'autre pôle.
> Et consoler notre univers.
>
> (L. V. GUÉNIN).

PROCLAMATION

CABINET
DU
SÉNATEUR PRÉFET
de la Seine
———

Paris, 4 septembre 1870.

Le peuple a devancé la Chambre qui hésitait, pour sauver la patrie en danger ; il a demandé la République, il a mis des représentants, non au pouvoir, mais au péril. La République a vaincu l'invasion en 1792, la République est proclamée. La République est faite au nom du droit, du salut public.

Citoyens, veillez sur la cité qui vous est confiée, demain vous serez avec l'armée, les vengeurs de la Patrie.

Signé :

Jules Picard, Jules Favre, Emmanuel Arago, L. Gambetta, Jules Ferry, Jules Simon, Dorian, Magnin, Eugène Pelletan, Garnier-Pagès, Crémieux, L. Guyot, Monpayrouse.

***

La revanche du coup d'État vient trop tard : le 4 septembre aurait dû se faire le lendemain de la victoire de Sarrebruck, victoire fictive, conquête mensongère, comme toutes les conquêtes de l'Empire ! L'on demeure abasourdi devant l'allégresse des Parisiens le 4 septembre. C'est à se demander si, après trois défaites sanglantes qui compromettent la fortune et la vie d'une grande nation, tous les Parisiens ne sont pas frappés de délire ! Paris, tout au bonheur d'être débarrassé de l'Empire ne pense plus aux Prussiens ! La population parisienne, dans un élan unanime et un peu naïf, oublie pour quelques heures que ses ennemis marchent à pas réglés sur ses murs.

Avec l'avènement de la République, elle ne songe plus à l'Empire : elle vit tout entière dans son passé de 1792 : elle puise de nouvelles espérances à la source de son orgueil, elle croit qu'avec l'Empire, la guerre est finie.

Elle célèbre en même temps, la chute d'un régime maudit : le retour d'une République qui lui promet la victoire au nom de son passé !

DÉPART

Le 5 septembre 1870, est le jour qui décide de mon sort. Une lettre de mon tuteur m'annonce que l'on a tiré pour moi le numéro 7. Je ne suis pas grandement surpris d'être soldat : je m'y attendais, puisque le gouvernement de la Défense nationale, qui vient de s'instituer sur les débris de l'Empire, fait une grande levée d'hommes pour repousser l'étranger, qu'un vil Bonaparte a, par sa faible politique, amené jusque sous les murs de Paris.

Le 15 septembre, je reçois ma feuille de route pour me diriger sur le 8e de Ligne, qui est en garnison à Orléans.

Le 16, en prenant mon billet à la gare d'Orléans, à Paris, une affiche ainsi conçue est apposée au-dessus du guichet : « Le train n° 125, partant de Paris pour Orléans a été arrêté hier soir par les Prussiens : 250 personnes tuées ou blessées. La compagnie prévient les voyageurs qu'ils partent à leurs risques et périls ».

Je prends cependant mon billet, quoique l'affiche que je viens de lire, avec son quiproquo, ne soit pas trop rassurante, (car n'ayant la pensée qu'aux Prussiens, chacun comprend qu'il y a eu 250 personnes tuées ou blessées).

En arrivant près de Meaux, on nous raconte l'événement de la veille. Le train arrive à 2 heures du soir à Orléans, sans aucun incident qu'une grand'garde prussienne que nous avons vue dans la plaine de Meaux.

Aussitôt arrivé à Orléans, je me présente à la caserne Saint-Charles, à mon sergent-major et à mes nouveaux camarades qui me racontent le sort du 8e de Ligne. Ils me disent que les trois bataillons de guerre sont autour de Metz, sauf quelques hommes qui ont pu s'échapper et suivre le corps d'armée du général Vinoy, et ont rejoint le 4ᵉ bataillon qui se trouvait déjà à Paris : actuellement le régiment n'est plus formé que des anciens soldats, rappelés par la loi du 10 août 1870, et de quelques engagés volontaires. Aucune compagnie n'est formée, ou du moins elles n'existent que de nom, car les cadres ne sont pas complets, et les hommes sont à peu près libres : mais en revanche, nous sommes mal nourris et guère payés ; l'on ne voit presque pas de prêts, le pain manque souvent.

Tout ce qui nous manque sur nos distributions sert à payer les dépenses du café, et les dîners dans les hôtels que notre sergent-major et notre fourrier font à nos dépens.

A la cuisine il y a des gamelles pour le tiers des hommes : aussi, quand l'heure de la soupe sonne, la cuisine est enlevée d'assaut, et envahie aussitôt. L'on voit une masse d'hommes se heurter pour avoir une malheureuse gamelle, bien maigre ; mais, est encore heureux celui qui peut en avoir une : il arrive souvent que le cuisinier se fait rappeler à l'ordre par des coups de poing, car il a déjà été pris à vendre du pain et de la viande qu'on lui avait confiés pour faire la soupe. Chaque jour, il y a des réclamations à ce sujet et sur le manque de vivres : mais comment avoir raison ? le caporal d'ordinaire, le fourrier, le sergent-major et enfin......, tous s'entendent pour nous dérober une grande partie des vivres et des quelques deniers que le gouvernement alloue à chaque soldat. Tout cela nous décourage : chacun s'irrite contre de pareils faits.

Les plus bornés disent que puisque le gouvernement ne veut pas nourrir ces hommes, il devrait les renvoyer ; ceux qui ont quelques notions de la comptabilité qu'ils ont pu découvrir, disent que les feuilles de prêts, se touchent intégralement, comme en temps de paix, et que si

nous sommes mal nourris et mal payés, c'est tout simple
ment aux orgies de ces Messieurs, désignés plus haut,
que nous le devons (1).

Le 18, à 6 heures du matin, l'on a déjà mis des effets
d'habillement, d'équipements et d'armements par tas
dans la cour, et tous ceux qui sont désignés pour être
habillés, reçoivent l'ordre de choisir un de ces tas. A 7
heures, tous ceux qui ont été désignés sont habillés,
équipés et armés.

Le 19, un chef de bataillon du régiment fait former
deux compagnies des hommes armés et équipés, et le
reste constitue le dépôt, et est dirigé le même jour sur
Périgueux par les voies ferrées.

COMPAGNIES DE GUÉRILLAS, SUR LA LOIRE

Le 20 septembre, 5 heures du matin, la marche du
régiment sonne, à 5 heures un quart, nous nous mettons
en marche sur Beaugency ; notre colonne est formée de
deux compagnies de tirailleurs algériens, de gardes-
mobiles du Cher, et enfin de nos deux compagnies du
8e de ligne ; nous arrivons à 4 heures du soir pour
camper près de cette dernière ville.

Le 21, 7 heures du matin, départ pour Blois, où nous
arrivons à 5 heures du soir ; l'on nous fait cantonner
dans les fermes, près de la ville.

Le 22, 6 heures du matin, départ pour Orléans ; nous
n'y arrivons qu'à 11 heures du soir ; on nous fait loger à
la caserne Saint-Charles, et nous y faisons un séjour.

Le 25, 5 heures du matin, nous partons en reconnaissance sur la route de Château-Neuf, nous passons une
partie de notre journée dans cette ville, et à 5 heures du

(1) Ce récit de l'anarchie qui régnait dans les dépôts de l'armée, est trop exact..
Deux jeunes hommes de Guebwiller (Alsace), envoyés au dépôt de Toulouse dans les
mêmes conditions de Guyard, ont pu, après quelques jours, revenir en Alsace, puis
s'en retourner de nouveau à Toulouse sans qu'on se soit aperçu de leur absence au
dépôt ! (A. Gasser).

soir, l'on nous fait rétrograder sur Orléans où nous arrivons à minuit.

Le 26, 3 heures du matin, nous nous mettons en marche sur Cercottes et Chevilly ; nous arrivons dans ce dernier village à 11 heures du matin, l'on nous annonce des éclaireurs prussiens. A 1 heure de l'après-midi, nous sommes déployés en tirailleurs de la manière suivante, pour attaquer : les Mobiles du Cher forment l'aile gauche, nos deux compagnies du 8e de Ligne l'aile droite, et les Tirailleurs algériens sont au centre. Une colonne noire se dessine au loin : elle s'approche lentement : mais nous voyons pour la première fois les paratonnerres des casques prussiens. 1 heure et demie : l'ennemi est à une assez faible distance de nous ; le feu commence et se continue sans aucun avantage de part et d'autre. 3 heures : les Mobiles du Cher rétrogradent en désordre, et sont suivis de leurs chefs auxquels la peur ou la haine de la république ôte le courage de se défendre, encore moins de prendre l'offensive, car nous sommes plus nombreux que les Prussiens. 3 heures et demie : à l'exemple des Gardes-mobiles notre commandant nous fait rétrograder et ensuite placer sur la lisière d'un bois ; les Tirailleurs algériens restent seuls sur la place du combat, et parviennent à repousser l'ennemi. 4 heures nous n'entendons plus que quelques coups de feu, par intervalles assez longs. Les Tirailleurs nous rejoignent ; quelques uns d'entre eux nous font comprendre leur mécontentement de ce qu'on ne nous a pas laissé mettre l'ennemi en déroute, attendu que les Prussiens n'étaient pas plus de quatre cents. Cette journée est pour nous d'un triste présage, pour la suite de la campagne. 8 heures soir : départ pour Orléans : nous marchons pendant toute la nuit sur des chemins peu praticables, et ce n'est qu'à 7 heures du matin que nous arrivons dans cette dernière ville.

A notre arrivée, une discussion s'engage entre notre Commandant et les autorités de la ville : le premier veut faire sauter le pont, le Maire s'y oppose avec énergie, en faisant comprendre qu'il ne vaut pas la peine de détruire ce pont, puisque nous ne sommes pas en forces pour défendre Orléans, n'ayant point d'artillerie. Après cette altercation où notre Commandant s'avoua vaincu, il se contente de nous faire passer la Loire, non pas comme Moïse fit passer la Mer rouge aux Israélites, mais dans un endroit du fleuve où nous avions de l'eau jusqu'au milieu du corps : lui-même et tous nos officiers passent sur le pont. Chacun de nous est en proie à une vive irritation en voyant cet acte ignoble : nous pensons que si nos officiers ont du sang français dans les veines, ils vont rougir de leur mauvaise action en apercevant la statue de Jeanne d'Arc, cette héroïne qui, en 1429, sauva Orléans des mains des Anglais ; aujourd'hui, ce sont des Prussiens qui veulent s'en emparer : qu'ont-ils déjà fait pour défendre cette ville ? Ils ne craignent pas de faire exténuer de fatigue leurs soldats par des marches inutiles, et de leur faire passer un fleuve sans nécessité ; ils nous font battre en retraite devant quatre cents Prussiens ; quelques mois suffiront pour connaître leur courage ou leur infamie. Sans nous laisser reposer pour nous remettre des fatigues de nos deux jours de marche et faire sécher nos effets, l'on nous fait continuer notre route sur Laferté-Saint-Aubin, et ce n'est qu'à 6 heures du soir que nous y arrivons. On nous fait camper près du village.

Le 28, 6 heures du matin, nous arrivons à Lamotte-Beuveron. On nous fait camper près du village, et nous y faisons un séjour. Quoique l'on ne nous ait pas fait de distribution de vivres, nous n'en manquons pas, les habitants du village viennent au camp, pour nous voir et nous apporter toutes sortes de provisions.

Le 30, 6 heures du matin, l'on nous conduit à la station du chemin de fer et nous montons dans les wagons, 6 heures et demie, le train se met en marche.

Le 2 octobre, 11 heures du matin, nous arrivons à Périgueux : nous descendons des wagons, et l'on nous conduit sur la place de la Préfecture : l'on nous y fait camper. Le dépôt du régiment est ici depuis le 20 septembre. Tous les jours sont employés aux exercices et à des marches militaires dans les montagnes où l'on nous exerce à l'emploi de tirailleurs. On passe rapidement sur les exercices de détails, car nous devons bientôt partir pour aller concourir à la formation d'un corps d'armée, destiné à l'armée de la Loire.

Le 20, deux compagnies sont désignées pour le 17e corps d'armée en formation à Bourges, et qui est destiné à l'armée de la Loire. 3 heures, soir, l'on fait rassembler sur la place de la Préfecture les deux compagnies qui doivent partir. Un chef de bataillon nous fait à l'occasion de notre départ, une harangue, qu'il termine ainsi : « Quand à Sedan, un petit nombre d'hommes du 8e de Ligne furent contraints de se rendre prisonniers, ils préférèrent brûler leur drapeau, que de le donner à l'ennemi ; ce trait de courage et d'honneur de vos camarades doit vous rappeler à l'honneur de défendre notre pays, et si une victoire vient récompenser vos efforts, n'oubliez pas de l'accueillir aux cris de vive l'empereur, il se reprit aussitôt pour crier vive la France ! » « Nous répondons par les cris de vive la France ! vive la République ! La foule qui est rassemblée autour de notre cercle nous appuie, et s'apprête à faire un mauvais parti à notre chef de bataillon qui, devinant aussitôt ce que va lui coûter d'avoir, par inadvertance, découvert son opinion, pique des deux sa monture et s'esquive de la place. On nous fait former les faisceaux, et nous restons sur la place jusqu'à 2 heures du matin, qui est l'heure du départ. On nous conduit sans bruit à la station du chemin de fer. 3 heures, nous montons dans les wagons et le train se met en marche ; nous sommes dirigés sur Bourges où nous arrivons le 22, à 10 heures du matin. En arrivant à la porte de la ville, nous voyons que l'on a fait des préparatifs de défense, sur les remparts improvisés des gabions, des fascines, sont arrangées avec art, et semblent ne plus rien attendre que des défenseurs et enfin l'ennemi. On fait traverser la ville pour aller au polygone où nous devons camper.

Le 24, 6 heures du soir, une troisième compagnie, formée par le 8e de Ligne, vient nous rejoindre au camp.

UNE AURORE BORÉALE

Le 24, 8 heures du soir, le ciel se couvre vers le nord d'un rideau de brumes violettes, assez léger cependant pour laisser apercevoir les étoiles : sa partie supérieure s'éclaire faiblement, puis cette lueur devient de plus en plus régulière et forme un arc de couleur jaune pâle ; qui tourne sa concavité vers la terre, et a son sommet au Zénith, l'arc monte avec lenteur dans le ciel, et devient graduellement lumineux. Sur toute sa longueur, se manifeste une sorte d'effervescence. Bientôt des rayons se forment, varient de longueur et d'éclat, et s'élancent dans le ciel comme des fusées d'artifice. La traînée de feu, éblouissante par intervalles, passe du rouge pourpre au vert émeraude. Dans leur ascension, ces rayons dépassent le Zénith et paraissent converger vers un même point du ciel. Nous reconnaissons bien vite ce magnifique phénomène lumineux, qu'on appelle au Nord, l'aurore boréale et au Sud, l'aurore australe. Dans nos latitudes, nous ne l'apercevons que rarement, mais dans les longues nuits des zones glaciales, son apparition est presque continuelle. Il était autrefois un sujet d'épouvante. Dans l'antiquité et le moyen-âge ces flammes rouges, ces rayons paraissaient des torches et des épées teintes de sang. L'imagination créait tantôt un assemblage de têtes hideuses, secouant leurs chevelures flamboyantes, tantôt une immense mêlée où combattaient des hommes de feu. Encore aujourd'hui, dans la ville, nous entendons des vieilles femmes dire que c'est un signe de guerre. (Prophétie incontestable pour le moment).

Le 26, toutes les compagnies qui doivent constituer le 42e régiment d'infanterie de marche, étant arrivées, il est formé définitivement dans la soirée. Les régiments qui ont envoyé des détachements pour le former sont : le 52e de Ligne, 6 compagnies qui formèrent le 1er bataillon ; les 3 compagnies du 8e de Ligne forment les 3 premières compagnies du 2e bataillon ; le 36e de Ligne 3 compagnies, qui forment les 3 compagnies de gauche du 2e bataillon, enfin le 3e bataillon est formé de 2 compagnies du 1er de Ligne, 2 du 5e et de 2 du 100e de Ligne.

Le 27, la ville ressemble à un grand camp : on ne voit dans les rues de Bourges que des soldats de toutes armes.

Le 29, 7 heures du matin, l'on nous conduit à la station du chemin de fer : 9 heures, nous sommes installés dans les wagons, et nous sommes dirigés sur Salbris, où nous arrivons à 3 heures du soir. On nous fait camper dans une plaine où deux mois plus tard doit s'engager un

combat où 2.000 Prussiens et 1.200 Français trouveront la
la mort. Chaque jour l'on nous fait faire des exercices
pour nous faire connaître les places que nous devrons
occuper en cas d'attaque.

Le 31, 9 heures du soir, l'on nous annonce que les
Prussiens ne sont pas éloignés, et l'on nous recommande
de ne pas faire de grands feux pour que ces derniers
n'accusent pas notre présence à l'ennemi.

Aussitôt, comme si la défense était un ordre, en sens
contraire, les Mobiles du Cher mettent tout le combustible
qu'ils peuvent trouver dans leur camp, sur les feux des
bivouacs, aussitôt des flammes s'élèvent à une grande
hauteur, et ces soldats insensés se mettent à crier et à
gambader autour de leurs feux, comme des sauvages. Ces
feux et ces cris qui vont nous compromettre, doivent cesser
au plus vite, car déjà de toutes parts des insultes sont
lancées à l'adresse des imprudents : chacun de nous veut
aller réduire ces furieux au silence : mais quelques-uns
de nos officiers vont eux-mêmes pour rétablir l'ordre :
Eh quoi ! disons-nous, ces Mobiles forment comme une
armée distincte de la nôtre : ces soldats reçoivent un franc
par jour, et le pain ; la discipline n'est dans ses rangs qu'à
l'état de légende, tandis que dans notre armée, nous sommes conduits par une discipline rigoureuse, et qui deviendra tyrannique quand la faim et la fatigue auront fait
plus de ravages dans nos rangs, et nous n'avons pour
solde que dix centimes par jour, encore ne nous sont-ils
pas toujours payés : le pain et les vivres ne nous sont pas
toujours assurés. Pourquoi donc deux armées distinctes
dans notre pays ? Il y a donc deux ennemis à combattre
ou enfin le riche et le pauvre ne sont-ils pas égaux pour
repousser l'étranger ? Eh quoi ! parce que dans les rangs
de la Garde Mobile il y en a qui sortent de l'aristocratie,

l'on n'ose pas leur donner une gamelle et dix centimes par jour : par ce fait, on veut mettre le désordre dans notre armée. En effet comment pourrait-on dire à ces Mobiles de ne pas quitter les rangs pendant une marche, ce serait insensé, puisque ces hommes sont payés, il faut bien qu'ils achètent des vivres dans les villages où ils sont de passage, donc ces hommes en mettant le désordre dans les rangs, en se répandant dans les villages, en avant ou en arrière des colonnes, sont dans leurs droits légitimes. Que l'on n'accuse donc plus les régiments de l'armée active, d'être indisciplinés, puisque l'on a toléré par une loi arbitraire, cette indiscipline dans la Garde Mobile. On aurait dû avoir de l'indulgence pour les régiments de l'armée active, et ne pas établir les cours martiales qui, dans quelques jours, frapperont impitoyablement dans nos rangs.

Nos régiments, frères de ceux qui ont versé leur sang dans les batailles de Wissembourg, Reichshoffen, etc..., seraient donc aujourd'hui accusés de trahison, ou enfin, a-t-on peur que nous nous immortalisions comme ces régiments qui ont été écrasés sur nos frontières, sous le nombre toujours grossissant des hordes allemandes, que l'on va employer contre nous une discipline tyrannique, pour nous décourager.

Le 1er novembre, nous soupçonnons que des espions rôdent autour du camp. En effet, nos soupçons sont justement fondés, car à 9 heures du matin, nous en prenons un qui s'est déguisé en marchand de pacotilles pour s'introduire au camp ; on trouve sur lui une carte des environs de Salbris, et des notes compromettantes. 10 heures du matin, on le conduit à l'extrémité ouest du village, près du chemin de fer ; quelques minutes plus tard, une détonation se fait entendre, la justice militaire est satisfaite. 10 heures et demie : l'on nous fait partir pour aller camper à environ 3 kilomètres au sud-ouest du village, sur la route de Romorantin.

Le 3, 7 heures du soir, l'on nous fait mettre en marche pour aller à Salbris, où nous arrivons à 3 heures. On nous fait arrêter près de la gare ; enfin, à 11 heures, l'on nous fait monter dans les wagons, et nous sommes dirigés sur Chagny où nous arrivons le 4 à 3 heures et demie du soir. On nous fait camper à un kilomètre de la ville sur les montagnes ; ici est le lieu de rassemblement du 18e corps d'armée qui sera formé par les corps suivants :

ÉTAT-MAJOR	Garde Mobile du Cher.
Général de Division :	42e Régiment d'Infanterie de Marche, Colonel LECLAIR.
Général de Brigade : BONNET	
»	Un escadron du 5e Hussards.
»	Deux batteries d'artillerie.
»	Une batterie de mitrailleuses.

Le 11, 10 heures du matin, départ pour Poligny ; nous arrivons à 3 heures de l'après-midi, on nous fait camper dans les vignes. Notre chef de bataillon, M. D...., nous ordonne de couper les ceps qui se trouvent près de nos tentes, les propriétaires des vignes sont très exaspérés contre cet ordre, ils disent que les Prussiens seraient moins cruels. En effet, pourquoi nous obliger à détruire des vignes sans nécessité : c'est déjà assez malheureux de brûler les échalas.

Le 12, la 2e compagnie du 2e bataillon est commandée de grand'garde. On nous fait placer le long du chemin de fer à environ 2 kilomètres du camp, quoique l'on nous ait dit que les Prussiens n'étaient pas éloignés. Nos 24 heures de grand'garde se passent sans aucun incident.

Le 13, 5 heures du soir, nous revenons au camp après avoir été relevés par une autre compagnie.

Le 14, midi et demi, l'on nous fait partir pour aller camper près de Saubin, en haut des montagnes arides : des pièces d'artillerie sont en batterie sur les points culminants, et sont prêtes à faire feu à la première alerte.

Le 16, 3 heures du matin, la 1re compagnie et la 2e du 2e bataillon sont commandées pour aller faire une reconnaissance sur les montagnes. 7 heures du matin, nous arrivons à Meursault, petit village de la Côte-d'Or, situé à 8 kilomètres de Chagny. Quelques hussards sont dans le village, et nous disent que les Prussiens ne sont pas éloignés. 8 heures, nous rétrogradons sur le camp, sans autre incident que la pluie qui tombe à torrent jusqu'à notre rentrée au camp. 5 heures, soir, la 2e compagnie du 2e bataillon est de grand'garde. On nous fait placer sur la route de Gannay à Chagny, à un kilomètre de ce premier village : une grande agitation règne au camp, des patrouilles, des rondes et des estafettes ne font que circuler sur la route ; nous restons sous les armes toute la nuit. Une compagnie du Génie fait des fossés pour couper la route. Que se passe-t-il de grave ? Voilà la demande de tous ?

Le 17, 6 heures du matin, départ pour Epinac, village où nous devons monter en chemin de fer. Nous arrivons dans ce village à 5 heures du soir, l'on nous fait camper dans les champs de blé. Les pluies récentes ont détrempé le terrain et l'ont rendu spongieux, nous enfonçons dans la boue : il nous est presque impossible de trouver du bois pour faire du feu, et nous n'avons plus de vivres.

Le 18, 2 heures du matin, l'on nous fait une distribution de pain : à 3 heures de l'après-midi, l'on nous fait mettre sac au dos pour partir ; les wagons n'étant pas arrivés en nombre suffisant pour emmener tout le régiment, l'on nous fait attendre, et nous sommes placés sur deux rangs, le long du chemin de la gare. 6 heures, soir, la pluie commence à tomber, et continue toute la nuit.

Le 19, 6 heures du matin : notre colonne est à la même place, et les rangs sont formés comme hier soir ; la pluie cesse comme par enchantement, le soleil semble par sa chaleur de printemps, vouloir nous réchauffer et sécher nos effets. 11 heures du matin : l'on voit courir des soldats près du village ; nous demandons ce qui s'y passe, l'on nous répond que ce sont des Francs-tireurs qui veulent s'emparer des bœufs que l'on a achetés pour notre régiment. Quand nous arrivons à Sully, les Francs-tireurs avaient déjà désarmé une de nos sentinelles, et des coups de feu allaient s'échanger lorsque soudain, la cloche de la gare sonne, et les tambours rappellent. C'est pour nous le signal du départ, et met ainsi fin à une scène qui aurait pu devenir déplorable ; nous emportons la viande des bœufs qui sont déjà découpés, et nous abandonnons ce que nous ne pouvons emporter aux Francs-tireurs, pour aller prendre nos places dans les wagons. 4 heures, soir, le train se met en marche. 6 heures, le train a 10 minutes d'arrêt à Autun : les employés de la gare passent à chaque wagon pour nous distribuer des provisions de bouche, que les habitants de la ville ont apportées : le train se remet en marche, et nous sommes dirigés sur Gien.

L'INCONVÉNIENT DU BIVAC

Nos législateurs, qui, pour la plupart n'ont pas été soldats, ne se sont pas encore donné la peine de résoudre cette question. En effet, que leur importe que le soldat souffre dans un bivac, les batailles se gagnent, les victoires se remportent, et ils n'ont qu'à fêter l'événement, sans s'occuper des souffrances que nos soldats ont eues à surmonter pour battre l'ennemi. Au contraire, si nos soldats sont vaincus, l'on met la faute sur leur indiscipline, l'on vote la rançon, et tout est fini : on ne se donne pas la peine de chercher les causes qui ont produit cette indiscipline, et les moyens d'y remédier. Ayant, comme nous l'avons dit dans la préface de ce récit, la résolution de nous faire les champions du droit de nos camarades, nous allons donc essayer de démontrer l'inconvénient du bivac.

A cet effet, voyons deux colonnes, l'une prussienne et l'autre française : mais pour éviter les coups de fusil nous allons les faire marcher sur deux villages différents. c'est-à-dire à Saizy et à Epinac. Nous voyons la première s'installer dans les maisons, ils y vont faire cuire leurs aliments en commun, c'est-à-dire qu'ils se rassemblent dix ou douze, peut-être plus, dans la même maison, suivant que leur colonne est nombreuse. Les habitants de Saizy, qui dans la peur de l'ennemi ont perdu tout espoir de revoir seulement une bûche de bois dans leurs greniers, seront tout surpris demain, au départ de cette colonne, de voir que les dégâts sont presque insignifiants.

Il n'en est pas de même pour la nôtre. Au lieu d'entrer dans les maisons, l'on nous fait établir nos tentes à un kilomètre d'Epinac. Aussitôt nos tentes dressées, que nous manque-t il ? Une chose bien indispensable, du bois ! En effet, c'est cependant une grande question à résoudre, une cause de plus à enregistrer à celle de l'indiscipline. (On changera bien les boutons, l'on mettra bien des numéros au collet des effets d'habillement et d'équipement à la prussienne, l'on recherchera par tous les moyens possibles si le soldat français peut s'habituer au dur traitement des armées prussiennes, c'est-à-dire au bâton, à la schlague, au poteau, et l'on en enverra même des milliers dans les bagnes militaires d'Afrique. Tout cela pour faire voir au peuple que c'est la discipline de ces sauvages du Nord qui nous a battus! Comment rester toute une nuit sans feu : comment faire cuire les faibles aliments que l'on nous donne. Il faudrait donc que nous mourrions de froid, et que nous jetions nos aliments, parce que nous n'avons pas de bois. Par conséquent, nous voyons les soldats de notre colonne se répandre dans Epinac et Sully comme une nuée de pillards.

Ils se présentent aux habitants, on leur refuse du bois et de la paille, après cette tentative d'appel à la clémence de ces derniers. Ces habitants, étant comme fascinés de terreur par nos revers, tout patriotisme est enlevé en eux : ils préfèrent crier au sacrilège en voyant dévaster leurs jardins, et leurs arbres fruitiers tomber sous la hachette, que de se cotiser pour nous donner un peu de bois. Nous nous répandons partout, dans les jardins, autour des haies ; nous arrachons tout le bois que nous pouvons trouver, au risque de nous faire casser le cou par des paysans agressifs, et au risque de recevoir douze balles dans la peau demain matin. Il n'est pas difficile de voir quel contraste de souvenirs vont laisser nos deux colonnes. Les habitants de Saizy qui auront logé la colonne prussienne, n'auront pas à se plaindre de leurs hôtes ; tandis que ceux du village d'Epinac diront que les Français sont des pillards. A qui la faute? A ceux qui disent qu'on ne peut avoir de bons soldats qu'en les faisant camper sur la dure. Faire camper les grand'gardes, rien de mieux : mais toute une armée, c'est vouloir combattre un ennemi avec des chances inégales : cependant si nos législateurs qui proposent de pareilles mesures étaient obligés de les pratiquer par eux-mêmes, ils en auraient bien vite reconnu les inconvénients. En effet, outre les ressentiments fâcheux que nous allons laisser demain matin, dans le cœur de nos habitants, il n'est pas difficile de comprendre que la colonne prussienne, qui a été logée dans les maisons, sera reposée et pourra fournir une longue course ou étape, tandis que nous qui aurons passé la nuit accroupis près d'un maigre feu, serons-nous en état de fournir une aussi longue course que nos ennemis ? Il n'est pas difficile non plus, de voir qu'un mois ou deux suffiront pour nous anéantir par la fatigue, et que l'on n'aura plus à opposer à l'ennemi que des êtres inanimés, que le seul bruit du combat et le désir de vaincre, pourront rappeler à un reste de vie pour les moments décisifs.

1re ARMÉE DE LA LOIRE

Général en chef :
Général de la Motterouge, jusqu'au 11 octobre
et d'Aurelles de Paladines, jusqu'au 6 décembre 1870

15e Corps d'Armée

Commandants successifs..	Général de la Motterouge, jusqu'au 11 oct^{bre}. Général d'Aurelles de Paladines, jusqu'au 6 décembre. Général des Palliers, du 6 août au 10 déc^{bre}. Général Martineau des Chenez.
États-Majors successifs ...	Général Borel. Colonel des Plas.
Commandant d'artillerie.	Général de Blois.
Commandants successifs de la 1e Division	Général Martin des Pallières. Général de Chabron, à partir du 16 nov^{bre}.
Commandant de la 2e D^{on}	Général Martineau des Chenez.
Commandant de la 3e D^{on}	Général Peytavin.
Division de cavalerie, commandants successifs....	Général Reyau. Général de Longuerne.

16e Corps d'Armée

Commandants successifs..	Général d'Aurelles de Paladines. Général Pourcet, jusqu'au 2 novembre. Général Chanzy, du 2 nov. au 6 décembre. Amiral Jauréguibéry.

Chefs d'Etat-Major successifs	Général Renault, jusqu'au 25 octobre.
	Général Lallemand, jusqu'au 1er novembre.
	Colonel Vuillemot.
Commandant d'artillerie..	Colonel Robinet-Marey.
Commandant du génie....	Colonel Javain.
Commandants successifs de la 1e Division d'infanterie	N..., général de Division.
	Amiral Jauréguibéry, à partir du 7 novemb.
	Général Deplanque.
Commandant de la 1e Division d'infanterie.......	Barry, général de Brigade.
Commandants successifs de la 2e Division	Chanzy, général de Brigade.
	Général Maurandy.
Commandants successifs de la Division de cavalerie	Bessagre, général de Division.
	Général Michel, après Coulmiers.

17e Corps d'Armée

Commandants successifs..	Général Durieu.
	Général de Sonis, jusqu'au 2 décembre.
	Général Guépratte, jusqu'au 21 décembre.
	Général de Colombe.
Chefs d'Etat-Major successifs	Général Brunot de Rouvre, jusqu'au 27 nov.
	Général de Bouillé, jusqu'au 2 décembre.
	Colonel Forgemol.
Commandant d'artillerie.	Barbary de Langlade.
Commandant de génie ...	Colonel Charrier.
Commandants successifs de la 1e Division d'inf.....	De Brémont d'Ars, général de Division.
	Général Roquebrune.
Commandants successifs de la 2e Division d'inf.....	Général Dubois de Jancigny.
	Général Paris.
Commandant de la 3e Division d'infanterie .:...	Deflandre, général de brigade.
Commandants successifs de la Division de cavalerie	De Longuerne, général de Division.
	Général Guépratte.
	Général d'Espénibles.

18e Corps d'Armée

Commandants successifs..	Général Abdelal (n'a pas pris possession de son commandement).
	Général Bourbaki, du 2 au 5 décembre.

4

Chefs d'Etat-Major succes-sifs	Colonel Billot.
Commandant d'artillerie..	Colonel Charles.
Commandant le génie.....	Colonel de la Berge.
Commandant la 1ᵉ Division	Général Feillet-Pilatrie.
Commandants successifs de la 2ᵉ Division d'infⁱᵉ ...	Colonel Perrin, jusqu'au 2 décembre. Penhout, contre-amiral.
Commandants successifs de la 3ᵉ Division d'infⁱᵉ ...	Général Espivent. Colonel Gouzy. Général Bonnet.
Commandant la Division de cavalerie	Général de Brémont d'Ars.

Le 20, 1 heure de l'après-midi, le train marche avec une extrême lenteur, qui permet par moments de le suivre à pied. On vient nous dire dans les wagons qu'il faut que nous chargions nos armes et que nous nous tenions prêts à descendre à la première alerte, car on croit très probable que nous serons attaqués avant l'arrivée du train à la gare de Gien. 3 heures du soir : nous arrivons dans cette dernière ville, sans aucun incident. Nous traversons la ville, non sans peine, les rues sont encombrées de soldats de toutes armes. On évalue le nombre à près de 150.000 hommes. 5 heures, soir, l'on nous fait camper sur la rive droite de la Loire.

Le 21, 1 heure de l'après-midi, l'on nous conduit pour faire une grande manœuvre dans les champs de blé. Après notre départ, on ne peut savoir si ce sont des champs ensemencés ou un grand bourbier.

Le 22, 10 heures du matin, départ pour aller camper sur la rive gauche de la Loire. En traversant Gien, un grand ouragan s'élève et une pluie torrentielle se met à tomber, et continue toute la journée ; ce n'est que dans la soirée que la pluie et le vent cessent, et l'on nous fait camper près de la gare.

Le 23, 9 heures du soir, la 2e compagnie du 2e bataillon, sous les ordres de M. C..., sous-lieutenant, est commandée de grand'garde. Ce n'est qu'à 2 heures du matin qu'il parvient à trouver le poste que nous devons relever, quoi que ce poste ne soit éloigné du camp que d'environ 2 kilomètres. Une pareille impéritie de la part d'un officier, ne peut conserver longtemps notre confiance à nos chefs.

Le 24, 11 heures du matin, nous rentrons au camp, et l'on nous fait une distribution de vivres pour partir. 1 heure de l'après midi, une batterie d'artillerie part avec l'avant-garde pour protéger la colonne. 5 heures, soir : en se penchant à terre on entend le grondement du canon et la fusillade. 7 heures, soir, l'on nous fait camper dans une forêt : nos tentes sont rangées de chaque côté de la route, à 12 kilomètres de Gien. Pendant toute la nuit, nous entendons distinctement le grondement du canon.

Le 25, 6 heures du matin, départ pour Ouzouer : nous arrivons dans ce village à 3 heures du soir; 3 heures et demie : la pluie commence à tomber à torrents. Quoique nous ayons eu le temps de camper avant que la pluie ne commence à tomber, on nous a laissés sur deux rangs le long de la route. 5 heures : la pluie cesse, nous sommes tout mouillés ; les champs sont inondés. Alors, on nous contraint de faire nos tentes quoique nous ne puissions habiter dedans. Au lieu de nous décourager, chacun cherche du bois et de la paille pour mettre dans sa tente, pour pouvoir y passer la nuit. Les habitants du village nous disent que les Prussiens ont établi une batterie d'artillerie sur un mamelon près de Sadon : que la pluie a rendu le terrain mouvant, qu'ils ne peuvent emmener leurs pièces d'artillerie, et que le gros de leur armée se replie sur Baume-la-Rolande. Quelques hommes (quarante environ) vont demander à un général la permission de marcher en avant pour s'emparer de cette batterie, l'amener ou la garder jusqu'à l'arrivée de la colonne. Pour récompenser la bonne résolution de ces hommes, le général les menace de la prison, c'est-à-dire de la garde du camp.

Le 26, 8 heures du matin, départ. Pendant toute la journée, nous entendons par intervalles des coups de canon, et en se couchant à terre, l'on entend au loin le pétillement de la fusillade. 8 heures, soir, nous arrivons dans une forêt près de Montargis, on nous y fait camper. Les habitants d'une ferme nous disent que les Prussiens battent en retraite, et sont presque en déroute. Ce qui le prouve, nous disent-ils, c'est que, depuis deux jours, l'ennemi met le feu dans les fermes ou villages qu'il est obligé d'abandonner. En effet, on voit au loin les flammes rougeâtres de plusieurs incendies dans la direction de Sadon, et l'on entend au loin sur la route, le roulement de voitures ou de batteries d'artillerie qui semblent s'éloigner.

FAUSSE ALERTE

La 1re Compagnie du 2e bataillon est de grand'-garde sous les ordres de son lieutenant, M. Durand, dit « Cour martiale » ; ce surnom lui a été donné par les hommes de sa compagnie, parce que chaque fois qu'il voit un soldat rapporter au camp, soit un peu de paille ou du bois, pour faire du feu ou toute autre chose, aussi insignifiante, il le menace de le faire passer à la Cour martiale. Il fait camper sa compagnie dans une prairie qui est baignée par un bief, dont les eaux font marcher un moulin qui se trouve à 300 mètres plus bas.

Vers minuit, le meunier se réveille et voit des tentes

dans sa prairie : « Bien sûr, se dit-il, ce doit être des Prussiens, la nuit passée, ils étaient ici, ils sont revenus. Si je fermais les vannes de l'écluse ? » Il se met aussitôt en devoir de faire ce qu'il vient de penser. Les hommes profondément endormis, ne s'aperçoivent pas que l'eau va les submerger. Les sentinelles se trouvent un peu éloignées, elles sont sur la lisière de la forêt, elles ne peuvent voir que l'eau va inonder la prairié.

A 2 heures du matin, le stratagème du meunier fait son effet, l'eau couvre la prairie, et les hommes se sauvent en emportant leur sac, leur tente et leurs armes. Le lieutenant, M. D... croit que ce sont des Prussiens qui ont mis à exécution ce stratagème pour surprendre le corps d'armée ; il vient lui-même au camp et dit à notre lieutenant-colonel que nous sommes cernés par une colonne ennemie, qu'il faut mettre le camp sur la défensive.

On vient prévenir la 2e Compagnie du 2e bataillon, les sergents passent à chacune de nos tentes pour nous réveiller et nous recommander le plus grand silence pour abattre nos tentes, et faire nos sacs.

A 4 heures, nous partons en reconnaissance, nous arrivons près du moulin et le meunier nous raconte sa méprise.

On rit beaucoup de ce stratagème. Le lieutenant Durand jura qu'on ne l'y reprendrait plus.

Le 27, à 9 heures du matin, départ sur la direction de Sadon. Arrivés à 2 kilomètres de ce village, notre lieutenant-colonel fait arrêter le régiment, et nous dit qu'il a reçu l'ordre ce matin de prendre Sadon, mais que le corps d'armée qui forme avant-garde l'a fait évacuer, et que nous trouverons d'autres missions où nous pourrons nous distinguer. 2 heures de l'après-midi : nous nous remettons en marche : sur la droite de la route, nous voyons le mamelon où était la batterie prussienne dont quelques-uns d'entre nous avaient, le 25, demandé à un général la permission de s'emparer. On voit les traces où ont passé les pièces de cette batterie. Les Prussiens ont dû tenter des efforts inouïs pour les faire descendre sur la route : ils ont mis tous les villages voisins à réquisition. On voit que les roues ont enfoncé dans la boue jusqu'aux essieux, aussi, où une pièce a passé, on dirait que la terre a été labourée. Plus loin, un triste tableau se déroule devant nos regards : çà et là, les cadavres que la mort moissonne depuis plusieurs jours, jonchent le sol ; des affûts de canons brisés par les projectiles ; là ce sont des chevaux attelés à des fourgons d'artillerie que les obus ont tués sur place. Le long de la route, des poteaux télégraphiques sont brisés, et l'écorce des arbres est enlevée par les balles de l'ennemi. Tous ces ravages, faits par nos engins de guerre, nous font frémir.

Trois heures : nous arrivons à Sadon. Ce village qui a été bombardé le 25, offre à la vue un aspect des plus tristes : des maisons à demi effondrées, d'autres ont leurs cheminées renversées, les carreaux cassés et les portes enfoncées ; celles qui ont le moins de mal servent d'ambulance où sont à demi-mourants, des blessés couchés sur de la paille ensanglantée. A la sortie du village, c'est-à-dire sur la route de Sadon à Maizières, à environ trois cents mètres de ce premier village, l'artillerie du 18e corps d'armée se met en batterie ; le général Bonnet fait embusquer l'infanterie dans un bosquet à environ un kilomètre de notre batterie d'artillerie ; nous sommes placés par groupes de 50 à 60 hommes. Le 42e de marche forme l'aile gauche ; une partie de la cavalerie de l'armée de la Loire, c'est-à-dire des escadrons formés de cuirassiers, de carabiniers de l'ex-garde, de lanciers et de hussards sont réunis pour pousser une charge sur les avant-postes prussiens. Ils reçoivent l'ordre de feindre, aussitôt le combat bien engagé, de battre en retraite dans le plus grand désordre sur notre gauche, en se dirigeant sur notre artillerie, afin d'y attirer l'ennemi et de le prendre ainsi par le flanc.

Quatre heures soir, la cavalerie est en marche : déjà l'on n'entend plus au loin que les pas précipités des chevaux, lorsque soudain, nous entendons le choc qui se produit entre les deux cavaleries : on entend le pétillement de la fusillade, le cliquetis des sabres qui se choquent les uns contre les autres, les cris des combattants, et enfin le hennissement des chevaux qui sont frappés par des projectiles.

Cinq heures, la fusillade se rapproche, les balles arrivent jusqu'à nous : nous voyons les premiers cavaliers qui rétrogradent et refondent de nouveau sur l'ennemi, comme un ouragan, en renversant tout sur leur passage, l'ennemi n'est plus éloigné que de 150 mètres : soit prudence, soit que notre mouvement ait été trop long à exécuter, ou que notre présence ait été révélée par un moyen quelconque, aux premiers coups de feu de nos tirailleurs, les Prussiens se retirent en désordre.

Six heures soir, la 2ᵉ Compagnie du 2ᵉ Bataillon est commandée de grand'-garde Notre capitaine, M. Girardot, nous fait placer près d'une ferme qui, depuis trois jours, est en feu : on nous dit que les habitants de cette ferme ont été enfermés avec tout le bétail, qui se composait de plusieurs bœufs, des chevaux et près de deux cents moutons, et que les Prussiens avaient fait garder pour qu'on ne puisse sauver les victimes. Une odeur de chair brûlée se répand à une grande distance, et à chaque instant, quand une poutre ou un pan de mur s'écroule des flammes bleuâtres jaillissent en tourbillonnant à une hauteur prodigieuse, et éclaire le camp dans toute son étendue. Près de cette ferme l'on a mis de la paille avec des cadavres, c'est-à-dire que l'on a mis un lit de paille et un lit de cadavres, ainsi de suite jusqu'à une hauteur assez imposante et le feu avait été mis à la paille ; mais celle-ci n'ayant pas été mise en assez grande quantité pour consumer les cadavres, le feu n'a fait que les raccourcir en les carbonisant, et par ce fait, les a défigurés horriblement.

Dix heures, l'on nous fait changer de position, car étant près de l'incendie, l'ennemi pourrait s'en servir comme point de mire. On nous fait traverser la route et l'on nous fait bivacquer à environ 200 mètres de la ferme.

Deux heures du matin, quelques imprudents font de grands feux, non pas pour se chauffer : car le froid ne se fait pas sentir, la nuit ressemble à une nuit d'été, c'est-à-dire qu'elle a presque de la chaleur ; mais avec cette différence que le ciel est couvert de gros nuages noirs, et que nous ne jouissons pas de la vue des astres qui nous sont cachés par ces nuages. Ces imprudents avaient fait du feu pour le simple plaisir de brûler une grande quantité de fagots qui se trouvaient autour de notre bivac, et de voir des flammes s'élever à une grande hauteur, plaisir plus innocent, il est vrai, que celui de Néron en faisant brûler Rome : mais assez dangereux pour nous, car il pouvait nous faire passer des rires et de l'admiration de ce jeu imprudent à une mort cruelle. En effet, l'ennemi peut nous cerner et nous faire mordre la poussière jusqu'au dernier. Le général Bonnet, jugeant la gravité de notre amusement, vient lui-même au bivac et fait éteindre les feux, en faisant comprendre les dangers que nous risquons ; les feux sont aussitôt éteints ou en partie.

Comme pour sceller du cachet de la vérité les paroles du général, une petite escarmouche s'engage entre quelques hommes de notre compagnie, et un avant-poste prussien. Ces quelques coups de feu rendent le sérieux aux esprits portés à la trop grande gaîté, et font comprendre que nous sommes en première ligne, que rien ne nous sépare de l'ennemi, qu'enfin, si maintenant nous sommes tranquilles, nous pouvons en quelques minutes être aux prises avec les Prussiens, et être égorgés jusqu'au dernier, par le nombre, avant que l'on ait eu le temps de nous porter secours. Le reste de la nuit se passe sans aucun autre incident.

Le 28, 7 heures du matin, l'on nous fait ranger en bataille.

Notre lieutenant-colonel fait rassembler les officiers et les sous-officiers du régiment, et leur lit un ordre, duquel nous ne savons que le libellé succint, ainsi conçu : « Tout officier ou sous-officier aura le droit de tuer n'importe quel soldat qui restera en arrière, pendant le combat. » Nous trouvons cette mesure très bonne en pareille occurrence, si elle s'appliquait à tous, officiers et soldats ; mais arbitraire, en ce qu'elle ne s'appliquait qu'aux soldats et non aux officiers.

Cependant, depuis le commencement des hostilités, des éloges ont été faits par nos ennemis sur l'attitude au feu du soldat français, et aucun fait n'est arrivé dans un combat qui puisse faire prendre une pareille mesure contre nous seuls.

Ce soir même, après le combat, nous verrons les soldats du 6e bataillon de Chasseurs à pieds à la recherche de leurs officiers, et aucun de ces soldats n'aura manqué au feu.

Huit heures, l'on nous fait déployer en tirailleurs ;

9 heures, nous arrivons en haut d'un plateau d'où nous découvrons les villages de Juranville et de Corbeil. Les Prussiens commencent aussitôt le feu : les éternelles exhortations de nos chefs, de quelques uns de nos chefs ne manquent pas, comme avant tous les combats qui se sont déjà livrés pendant cette malheureuse campagne. « Ne tirez pas, nous disent-ils, ce sont des Français ! » Ils se mettent devant nous pour nous empêcher de commencer le feu ; cependant les balles sifflent à nos oreilles : quelques-uns de nos camarades tombent blessés mortellement. Un homme de notre compagnie ramasse une balle, et la montre au commandant de notre bataillon, M. D.... et lui fait observer que c'est bien une balle prussienne, parce qu'elle se reconnaît à sa forme ovale : le commandant ne veut rien entendre et persiste à dire que ce sont des Français qui sont devant nous.

A cette réponse, un cri de rage frénétique circule dans nos rangs, nous chargeons nos armes et nous commençons le feu, en avançant sur l'ennemi : la plupart de nos chefs voyant cette frénésie s'emparer des soldats, restent derrière. Le petit nombre qui nous suivirent firent leur devoir de citoyens pendant cette journée. 10 heures : nous ne sommes plus éloignés de l'ennemi que d'environ 200 mètres : nous nous arrêtons, car les Prussiens sont embusqués dans un bosquet et derrière une ferme, qui leur servent de retranchements naturels, et ne pensent certes pas à lâcher pied de sitôt : il ne nous reste qu'un moyen, c'est de trouver un abri pour tirailler sans trop nous découvrir ; un fossé présente cet avantage, mais il est à environ 80 mètres de nous. Après avoir mesuré de l'œil le danger, nous courons nous y embusquer : beaucoup des nôtres ne peuvent y arriver, les Prussiens s'opposent à notre mouvement par une vive fusillade, enfin, nous arrivons et nous sommes un peu à l'abri des projectiles derrière le remblai du fossé.

Nous pourrions tenir longtemps, mais à 11 heures, notre position devient critique, nos cartouches commencent à manquer, une mort affreuse nous menace, si l'ennemi avance sur nous, il pourra nous fusiller à bout portant, car rétrograder, il ne faut pas y penser, il nous faudrait remonter le plateau que nous venons de descendre, et nous serions tous détruits avant d'avoir atteint le côté opposé, marcher en avant avec la baïonnette, il ne faut pas y compter non plus, car nous serions écrasés par le nombre. Soudain, le cri de en avant parcourt la ligne de bouche en bouche : la fusillade, comme un roulement formidable, se fait entendre ; c'est sur toute la ligne le signal de la retraite pour l'ennemi.

Nous marchons en avant sans éprouver aucune résistance ; enfin l'on nous fait arrêter, pendant que l'aile gauche s'empare des villages de Saint-Loup et Juranville. Notre halte permet à l'ennemi d'effectuer sa retraite sur Baume-la-Rolande, en passant par Corbeil. On laisse aux Prussiens le pont de Corbeil libre pour effectuer leur retraite sans être arrêtés par le Fusain, petite rivière qui sépare Saint-Loup et Juranville de Corbeil. Midi, la 1re et la 2e compagnie du 2e bataillon, comme nous sommes à l'extrème droite de la ligne, nous nous détachons de cette dernière pour marcher sur Corbeil. Nous éprouvons une vive résistance pour traverser le chemin de fer : l'ennemi est embusqué dans la gare et dans les maisons du village et nous tire dessus, presqu'à bout portant, sans que nous puissions nous défendre, car nous sommes pris par le flanc, et nous pourrions nous tuer les uns, les autres. Le commandant de la 1re compagnie, M. Durand, dit cour martiale, vient de tomber, et est laissé pour mort. Le capitaine de la 2e compagnie M. Girardot est percé de trois balles. Quoique son état soit désespéré, quelques hommes de la compagnie le portent à l'ambulance où les premiers soins que nécessitent ses blessures, lui sont donnés par des chirurgiens prussiens, les ambulances internationales françaises n'étant pas encore arrivées ; elles n'arrivent que le 4 décembre. (Les ambulances qui suivent notre armée font beaucoup de bruit sur les routes, en interceptant à chaque instant la marche de l'armée, et elles s'éclipsent de la vue des champs de bataille, sans doute que les héros de ces ambulances sont anti-philantropes, et que le silence seul de la mort, planant sur des milliers de cadavres, peut les attirer sur ces champs de désolation où ils peuvent repaître leurs yeux de la vue d'une foule de Français morts, faute des secours de ces héros sans nom).

Notre capitaine est regretté des hommes de la compagnie, car nous perdons en lui un brave officier et un héroïque soldat ; pendant tout le temps qu'a duré l'action, c'est-à-dire jusqu'à ce qu'il fut blessé, il nous a montré l'exemple pour marcher à l'ennemi.

M. Barthelemy, sous-lieutenant prend le commandement de la 1re compagnie, et M. Colignon, sous-lieutenant, prend celui de la 2e compagnie. Ils nous font embusquer à 150 mètres d'un bosquet qui nous sépare de Corbeil ; nous avons ramassé les cartouches de nos tués et blessés, aussi une terrible fusillade s'engage ; les Prussiens sont fortement retranchés derrière des barricades artificielles, et sont cinq fois plus nombreux que nous.

Une heure : on voit une batterie ennemie qui est sur la route de Sadon à Maizières, et qui se rend dans ce dernier village ; peut-être que l'ennemi a pensé qu'en marchant en avant nous laisserions Sadon sans défense, mais contrairement à sa pensée, une grande partie de notre artillerie est restée en réserve dans ce dernier village. (Nous nous demandons même pour quelle cause elle y est restée, attendu que presque toute l'infanterie est déployée contre l'artillerie de l'ennemi.) Avait-il encore la pensée de nous attaquer sur ce point ? Avait-il d'autres intentions ? nous laisserons l'énigme à éclaircir à nos généraux.

Deux heures de l'après midi, les Prussiens battent en retraite, ou du moins continuent leur retraite sur Baume-la-Rolande et nous laissent maîtres de Corbeil, que près de deux mille d'entre eux n'ont pu défendre contre trois cents hommes qui, pour la plupart, ont vu le feu aujourd'hui pour la première fois. Si nous parlons ici de ces trois cents hommes, ce n'est pas pour nous élever à la hauteur de ces trois cents Spartiates de Léonidas aux Thermopyles : non, c'est seulement pour montrer à nos lecteurs que notre armée de soldats indisciplinés, ramassés à la hâte des quatre coins de la France, pouvait se défendre, et, bien que les émigrés de 1870 aient crié et crieront encore peste et rage contre nous ; les nations étrangères n'en admireront pas moins le courage des soldats français.

UN PRÊTRE PATRIOTE

Ce titre étonnera les sceptiques qui ne voient que défection dans toute la hiérarchie ; comme notre but est de raconter les faits d'une manière impartiale, nous ne pouvons laisser celui-ci sous silence, il prouve que dans toutes les classes de la société, il y a des patriotes.

Arrivés près des maisons, le premier habitant que nous voyons venir à nous est un prêtre, ayant un ruban de la Légion d'honneur sur la poitrine : il embrasse le premier d'entre nous. Ce prêtre est suivi par une dizaine d'hommes du village ; mais nous les prions, voyant qu'ils voulaient rentrer avec nous au village, d'aller porter secours à nos camarades que les projectiles ont laissés derrière nous. Le prêtre les exhorte en leur disant qu'il pourvoiera à tout.

Nous arrivons dans le village où nous sommes acclamés par les habitants qui sortent, un à un, de leurs caves. Les uns nous racontent les craintes qu'ils ont eues pendant le combat, d'autres nous montrent les ravages que les projectiles ont faits aux tuiles et aux vitres de leurs maisons ; d'autres enfin prennent des civières et vont chercher nos blessés ; ensuite l'on nous entraîne dans les maisons où l'on nous fait manger de la soupe que les Prussiens ont faite, mais à notre grand étonnement, ce qui a été préparé pour deux, nous nous mettons quatre ou six pour le manger.

Trois heures et demie, des uhlans viennent à l'entrée du village, mais quelques coups de feu suffisent pour les faire rétrograder.

Quoique du haut du clocher de Corbeil, l'on puisse voir Baume-la-Rolande, ses retranchements formidables et la nombreuse artillerie qui l'entoure, nous marchons en avant ; au bout d'un kilomètre, un civil vient nous prévenir que nous courons les plus grands dangers, et nous dissuade de continuer ; nous pensons aussi qu'il est plus prudent pour nous de rentrer à Corbeil et d'y attendre des renforts. En effet, après avoir tous délibéré, nous rétrogradons sur ce dernier village. En y arrivant, nous nous rassemblons quatre pour monter une seconde fois au haut du clocher afin de voir par nous-mêmes si les fortifications artificielles de Baume-la-Rolande sont aussi formidables qu'on nous les a dépeintes. Arrivés en haut du clocher, nous jetons un cri d'effroi en voyant une batterie d'artillerie que les Prussiens ont amenée sur la route, et à 2 kilomètres du village. Si nous avions avancé 500 pas de plus, nous aurions été à découvert devant cette batterie et balayés par une pluie de mitraille. Nous redescendons au village, sans raconter à nos camarades ce que nous venons de voir, pour ne pas les effrayer et leur faire perdre, en un instant, leur gaieté insouciante de Français au milieu du plus grand danger. Ainsi, il y a une heure, nous étions aux prises avec l'ennemi, dans une heure nous pouvons y être encore et dans deux, aucun de nous ne sera peut-être de ce monde, mais qu'importe aux Français : ils ont un moment de répit, ils en profitent, et s'il faut, dans quelques minutes, échanger des coups de fusil avec l'ennemi, on le fera encore avec la même insouciance que si l'on était au milieu d'une salle de bal.

Quatre heures et demie, au lieu de nous laisser garder cette position que nous avons prise avec tant de peine, on nous fait partir pour Juranville, en nous faisant traverser le champ de bataille.

De tristes pensées nous assiègent. Le jour jette son dernier crépuscule sur ce sol funèbre ; partout, sur notre passage, la terre est couverte de voitures brisées, de cadavres, de chevaux, des armes, des affûts, etc., etc…, tout gît là pêle-mêle, depuis quatre jours qu'on livre des combats, les cadavres n'ont pas encore été enterrés.

Nous arrivons à Juranville, un tableau encore plus affreux se déroule devant nos yeux. On a mis de la paille dans l'église, et l'on y a déposé les blessés ; les cris de souffrance poussés par ces derniers portent au cœur : les uns appellent à leur secours, des autres appellent leur mère, d'autres enfin invoquent la mort pour qu'elle vienne mettre un terme à leurs souffrances. Le parvis de l'église est encombré de cadavres, et des hommes de notre régiment y gardent des prisonniers prussiens.

Une femme traverse nos rangs et nous montre un uhlan qui est parmi les prisonniers : « Voilà, nous dit-elle, un de ces scélérats » et elle nous raconte le fait suivant. Hier soir, un cuirassier qui avait été fait prisonnier, et qui était parvenu à s'échapper des mains des Prussiens, est entré dans ma maison et me demanda un endroit pour se cacher, en attendant que la nuit soit venue pour traverser les lignes prussiennes et retourner au camp français. Je le fis entrer dans le four, cachette que je croyais la plus sûre dans ma maison : mais trois uhlans qui étaient à sa poursuite entrent quelques minutes plus tard, font une perquisition et trouve le fugitif : ce dernier est l'objet des plus dures cruautés de la part des uhlans. Ensuite ils le coupèrent avec leurs sabres en dix ou douze morceaux. » Le uhlan que cette femme nous montre est un des trois qui ont commis cet acte de monstrueuse barbarie.

Sur la place du village, armes, sacs, casques, cuirasses, et enfin toutes sortes d'effets d'équipement des Prussiens et des Français gisent là, pêle-mêle en monceaux. Tous ces effets et armes sont maculés de sang. Dans la rue que nous suivons, on a mis les cadavres le long des maisons pour qu'ils ne gênent pas la circulation.

Cinq heures et demie soir, nous arrivons près de plusieurs fermes à environ un kilomètre du village. On fait cantonner notre compagnie dans une remise à fourrages. Par ce mouvement, on nous fait abandonner le champ de bataille, et nous nous trouvons à 6 kilomètres de Corbeil.

DIALOGUE

Dialogue entre les généraux d'Aurelles de Paladines et Billot, qu'un homme de garde surprit à la dérobée. Nous pouvons le donner comme authentique, attendu que les faits ci-après vont en prouver par eux-mêmes l'authenti_ cité.

« Le général d'Aurelles de Paladine dit au général Billot, commandant le 15e Corps d'armée, de prendre dix mille hommes d'Infanterie, et de se diriger sur Baume-la-Rolande pour l'attaquer et le prendre à la baïonnette. Le général Billot répond qu'il est impossible d'attaquer Baume-la-Rolande à la baïonnette, attendu que quarante mille Prussiens sont concentrés dans cette ville, et possesseurs d'une nombreuse artillerie, qu'on ne peut donc attaquer qu'avec de l'artillerie. Le général d'Aurelles de Paladines lui répond que nous ne devons pas abîmer les villes françaises avec notre artillerie. »

A cette réponse, le général Billot se retire.

Huit heures soir, environ dix ou douze mille hommes du 15e corps d'armée sous les ordres du général Billot, se mettent en marche sur Baume-la-Rolande. 9 heures soir, le feu commence, et toute la nuit le grondement sourd du canon et la fusillade se font entendre, par intervalles, comme le roulement du tonnerre.

Le 29, 4 heures du matin, malgré de nombreux avantages partiels pour nos troupes, le général Billot est contraint de céder devant le nombre, et la nombreuse artillerie de l'ennemi, après avoir laissé beaucoup de monde sur le champ de bataille. D'après le rapport de ces hommes, les Prussiens auraient fait usage de balles explosibles.

Sept heures du matin, l'on nous fait rassembler près du château de Juranville : les Prussiens y ont fait beaucoup de dégâts ; les murs de la cour et du jardin ont été percés pour servir de créneaux pour les tirailleurs prussiens, et quand ils se sont vus obligés de l'abandonner, ils ont détruit tout ce qui pouvait nous servir. Nous remarquons aussi que comme la terre était détrempée par la pluie, les tirailleurs prussiens étaient munis chacun d'un petit paquet de paille, qu'ils mettaient où ils étaient obligés de s'agenouiller pour tirailler, afin de ne pas salir leurs pantalons.

Dix heures, nous nous mettons en marche sur Sadon. (Comme on peut le voir sur la carte, malgré nos avantages du 28, nous sommes aussi avancés que le 27 au soir). Après avoir marché à travers les champs jusqu'à trois heures de l'après-midi, nous arrivons dans le bosquet du château de Sadon. On nous fait ensuite placer en bataille sur le chemin de fer, et notre premier bataillon se déploie en tirailleurs sur Corbeil ; un nombreux convoi de notre artillerie passe devant nous à fond de train pour se porter sur notre aile droite.

Trois heures et demie : notre artillerie commence le feu, quoi qu'elle lance des projectiles sur Corbeil, et que notre ligne de tirailleurs n'en soit pas éloignée, l'ennemi ne répond pas.

Quatre heures et demie : l'on nous fait rétrograder sur Sadon et l'on nous fait camper près de la lisière d'un bois : pendant la nuit, la fusillade se fait entendre à plusieurs reprises.

Le 30, 10 heures du matin, l'on nous fait embusquer dans un bois en vue de Maizières : les Mobiles du Cher restent en réserve près de Sadon. Notre lieutenant-colonel, M. Couston, nous dit que dans le cas où nous serions obligés de battre en retraite, nous devions nous diriger sur Bellegrade où sont campés les autres corps d'armée.

L'artillerie a déjà commencé le feu depuis 9 heures.

Onze heures et demie, nous nous déployons en tirailleurs. Un bataillon de tirailleurs algériens et une batterie d'artillerie forme l'aile droite de notre ligne de bataille : le 2e bataillon du 42e de Marche forme l'aile gauche ; les 1er et 3e bataillons sont au centre : le feu est dirigé des deux côtés avec modération : mais vers midi, pareil à un ouragan, le feu va toujours en augmentant, et la mort fauche de part et d'autre.

Midi et demi, l'ennemi commence son mouvement de retraite sur Maizières, nous accueillons ce mouvement aux cris de « Vive la France ! Vive la République ! » En marchant en avant, quelques-uns de nous entonnent le premier couplet du chant du départ, couplet que nous avons cru devoir reproduire ici :

LE CHANT DU DÉPART

Un député du peuple

La victoire, en chantant, nous ouvre la barrière
La liberté guide nos pas
Et du Nord au Midi, la trompette guerrière
A sonné l'heure du combat.
Tremblez ennemis de la France ;
Rois ivres de sang et d'orgueil !
Le peuple souverain s'avance...
Tyrans descendez au cercueil !

La République nous appelle,
Sachons vaincre ou sachons périr.
Un Français doit vivre pour elle,
Pour elle un Français doit mourir.

Une heure, nous sommes maîtres de quelques fermes et nous sommes à 200 mètres des batteries ennemies qui font beaucoup souffrir notre aile gauche.

Deux heures, l'aile gauche est conduite derrière le remblai d'un fossé, par notre lieutenant-colonel qui s'étant aperçu de notre péril imminent, s'est élancé avec son cheval en avant d'une des batteries ennemies et à 150 mètres de notre ligne, au milieu des balles françaises et des obus prussiens, pour reconnaître le terrain. Après avoir sauvé la vie à presque toute l'aile gauche, il tourne bride et va se placer en avant de l'aile droite, pour entrer dans Maizières : il s'en va avec autant de sang-froid au milieu des projectiles, que s'il était sur un simple terrain de manœuvres, et l'on dirait à son attitude que l'acte de courage dont il vient de faire preuve, est la chose la plus simple.

Deux heures et demie : l'aile droite marche sur Maizières, et s'en rend maître. L'ennemi abandonne sa batterie d'artillerie qui se trouve entre le village et l'aile gauche. Au moment où quelques-uns de nos artilleurs se disposent à atteler des chevaux après les pièces que l'ennemi a abandonnées, l'on sonne la retraite : mais personne ne veut rétrograder. Cependant vers trois heures, entendant que l'on sonne toujours en retraite, nous pensons que l'ennemi veut peut-être nous tourner, nous nous décidons, non sans peine, à abandonner le village. Nos artilleurs n'ont eu le temps que d'atteler deux pièces qu'ils amènent : ils les conduisent près de leur batterie qui, placée près d'une ferme pendant la durée de l'action n'a pas tiré un seul coup de canon, sous le prétexte que la grande quantité de boue a empêché les caissons de munitions d'arriver.

Un général, voyant les deux pièces qu'on amène, au lieu de récompenser ou d'encourager, réprimande fortement les artilleurs qui les conduisent et leur dit qu'ils sont déjà assez embarrassés de notre artillerie sans en aller prendre d'autre. L'on nous conduit près d'une ferme sur un plateau à 300 mètres de Maizières. Nous passons à côté de ce général qui vient de faire un si beau compliment aux artilleurs : notre exaspération est grande en passant à côté de lui, et certes, s'il n'était pas gardé par un piquet de gendarmes, qui forment un grand cercle autour de lui, on lui logerait quelques balles dans la tête, quelques-uns des nôtres ont déjà mis des cartouches dans leurs fusils à cette intention. On nous fait ranger en colonne serrée à mesure que nous arrivons sur le plateau, et l'on nous oblige à rester en cette position sous les projectiles de l'ennemi qui nous sont envoyés des pièces mêmes que nous avons laissées près de Maizières.

. Les Mobiles du Cher arrivent, et on les fait placer sur notre gauche : on les fait mettre aussi en colonnes serrées ; mais étant plus nombreux que nous, les projectiles leur font éprouver de grandes pertes.

Trois heures et demie : les fermes qui se trouvent près de nous et de notre artillerie sont très abîmées par les projectiles de l'ennemi, et l'on voit les femmes et les enfants se sauver à travers les champs : une de ces femmes captive notre attention par la vitesse qu'elle met à se sauver : elle porte un enfant en bas âge à chaque bras et deux autres d'environ 6 à 7 ans, la suivent de chaque côté en tenant sa robe. Soudain un obus éclate derrière elle, et un éclat de cet obus emporte le bras du petit bambin qui se trouve à sa droite ; cette femme éplorée ne peut faire un pas de plus, elle tombe sur son petit blessé et le couvre de baisers ; mais comme les soins du chirurgien sont plus urgents pour lui en ce moment que les baisers d'une mère, deux des nôtres sortent des rangs et portent cet enfant dans une ambulance à Sadon.

Ces endroits, c'est-à-dire l'entourage des fermes où

nous nous trouvons montrent les vestiges de luttes sanglantes et opiniâtres. Les cadavres sont amoncelés les uns
sur les autres, et des débris d'armes de toutes sortes font
voir qu'elles ont été brisées par les combattants dans la
rage du désespoir. Les cadavres d'un Tirailleur algérien
et d'un Prussien nous montrent quel acharnement ces
premiers ont mis à exterminer ces derniers. En effet, l'on
voit que le tirailleur algérien a les deux jambes enlevées
par un obus, et le Prussien renversé par un coup de
baïonnette, pas assez profond cependant pour donner la
mort. Le tirailleur voyant peut-être son ennemi râler dans
les convulsions de l'agonie, fit des efforts inouïs pour se
traîner au moyen de ses mains, jusque près de son adver-
saire, la traînée de sang montre qu'il s'est traîné sur la
distance de huit pas pour atteindre son ennemi ; malgré
son état désespéré, il étreignit le Prussien à la gorge et
l'étrangla. La mort n'a pu lui faire lâcher prise ; les deux
cadavres sont là, étendus : celui du tirailleur tenant dans
ses mains crispées par la mort le cou du Prussien.

Quatre heures : voyant les pertes que nous font éprouver les Prussiens et que l'on nous empêche de nous défendre, nous commençons à quitter nos rangs et à rétrograder. Un général passe devant nous et nous exhorte à
marcher en avant, en nous montrant sur notre droite des
gardes mobiles qui sont encore aux prises avec l'ennemi.
Un des nôtres prend la parole, et dit à ce général qu'après
avoir pris Maizières, on nous fait battre en retraite, et
qu'au lieu de récompenser quelques artilleurs qui ont
amené deux pièces d'artillerie de l'ennemi, un général les
a réprimandés. Ce général inconnu de nous part aussitôt
sans répondre, sur Sadon, et quelques minutes plus tard,
nous voyons venir à fond de train de ce dernier village,
une batterie d'artillerie : elle est aussitôt établie près de
notre première, et des munitions arrivent à profusion.

Cinq heures : le feu cesse, et l'ennemi quitte une seconde fois Maizières. En même temps, on nous fait rétrograder encore de 200 mètres, et à la nuit, on nous fait faire de grands feux avec de la paille et du bois.

Neuf heures : l'on nous fait partir pour aller camper au haut du bois que nous avons quitté ce matin.

Le 1er décembre, 6 heures du matin, départ: 10 heures, nous arrivons à Fréville, et l'on nous fait embusquer par pelotons sur la lisière d'un bois, au sortir d'un village. La gelée fait son apparition car ce n'est qu'avec peine que nous avons arraché les piquets de nos tentes ce matin.

Le 2, 8 heures du soir, l'on nous fait cantonner dans les greniers de Fréville.

Le 3, 5 heures du matin, départ, nous arrivons près du château de Chambord. 7 heures du matin, on nous fait occuper diverses positions et à 9 heures, nous nous déployons en tirailleurs sur Lorcy ; 9 heures et demie, nous rétrogradons, et l'on nous fait ensuite partir sur Bellegarde où nous arrivons à 11 heures du matin. On nous fait camper à 1 kilomètre de la ville : un froid glacial se fait sentir.

Le 4, 6 heures du matin, l'on nous fait déployer en tirailleurs: notre artillerie commence le feu, et le continue jusqu'à 8 heures. Nous entendons au loin des coups de canon et nous voyons dans cette direction, comme des points imperceptibles, des obus éclater dans l'espace. Comme les obus de l'artillerie française éclatent dans l'espace, tandis que ceux de l'ennemi ne sont explosibles qu'autant qu'ils se choquent contre un corps dur, nous nous demandons si ces obus que nous voyons éclater ne seraient pas envoyés par l'artillerie française, mais l'armée de Paris se battant à Champigny, il est presque impossible que ce soit elle: la distance est trop grande.

Neuf heures, l'on fait rassembler le 18e corps d'armée, par corps distincts, et en colonnes serrées. Notre lieutenant-colonel, M. Couston, lit au régiment une dépêche du gouvernement de la Défense nationale qui nous annonce que l'Assemblée nationale a promulgué, le 29 novembre dernier, un décret par lequel le 18e corps d'armée a bien mérité de la patrie.

Voici la formule de ce décret :

Les Membres du gouvernement de la Défense nationale.

En vertu des pouvoirs à eux délégués, Considérant que le 18e Corps d'armée, à peine formé, composé en grande partie de soldats qui voyaient le feu pour la première fois et privé de son commandant en chef, a cependant, par la fermeté de son attitude, remporté des avantages signalés sur l'ennemi à Sadon, Maizières, Baume-la-Rolande.

Décrètent :

Article 1er. — Le 18e Corps d'armée de la Loire a bien mérité de la patrie.

Article 2. — M. le Chef d'Etat-Major Billot, général de brigade à titre provisoire, est nommé général de brigade à titre définitif.

M. Peillet-Pilatrie, général de division à titre provisoire, est nommé général de division à titre définitif — et nous recommande de continuer : que l'armée de Paris s'est débloquée elle-même, et qu'elle n'est pas éloignée. Dans quelques jours, dit cette dépêche, vous serez joints à elle, et vous pourrez sauver l'honneur de la France.

Voici cet ordre du jour :

Ordre du jour

Officiers, sous-officiers et soldats de l'armée de la Loire.

Paris, par un sublime effort de courage et de patriotisme, a rompu les lignes prussiennes. Le général Ducrot, à la tête de son armée marche vers nous ! marchons vers lui avec l'élan dont l'armée de Paris nous montre l'exemple.

Je fais appel aux sentiments de tous les généraux comme des soldats : nous pouvons sauver la France Vous avez devant vous cette armée prussienne que vous venez de vaincre sous Orléans, vous la vaincrez encore : marchons donc avec résolution et confiance.

En avant sans calculer le danger ! Dieu protégera la France.

QUARTIER GÉNÉRAL DE SAINT-JEAN,
le 1er décembre 1870.

Des applaudissements chaleureux accueillirent ces dernières paroles : des cris de « Vive la France », « Vive la République » sortent de toutes nos poitrines avec frénésie. Les plus belles chimères se déroulent dans notre esprit : nous voyons déjà les noms de l'armée de Paris et de l'armée de la Loire inscrits sur les listes d'honneur à côté de ces armées de 1792 ; l'on se croit enfin les dignes descendants de ces héros, et, comme eux, nous croyons renverser les drapeaux de la tyrannie pour planter celui de la liberté. Ce qui augmente notre joie, c'est le rapport de plusieurs soldats du 15e corps qui avaient été faits prisonniers à Baume-la-Rolande, dans la nuit du 28 au 29 novembre, et qui viennent de s'échapper. Ils nous disent que la misère est à son comble dans le camp prussien, c'est-à-dire à Baume-la-Rolande, et qu'un jour ou deux suffiront pour déterminer les Prussiens à se rendre.

Onze heures et demie, la marche du régiment sonne : chacun de nous croit à une attaque ; on nous fait ranger en colonne de marche sur la route nationale de Bellegarde à Sadon.

Midi, départ. On nous fait forcer la marche. Sur notre passage les habitants accusent les soldats de ne pas avoir fait leur devoir, et que seuls, nous sommes cause que l'on est obligé de nous faire battre en retraite ;

aussi sommes-nous l'objet des plus dures insultes : quelques uns mêmes de nos camarades sont blessés par des pierres que des femmes et des enfants leur ont jetées. (Une pareille guerre ne peut se finir avec de bons résultats pour la France. Les chefs n'ont plus la confiance des soldats, car les moins expérimentés d'entre nous voient bien que tous ces combats que l'on nous fait livrer ne sont que pour faire voir au peuple que l'on se bat, et qu'aussitôt que l'on verra le moment favorable, on nous livrera à l'ennemi comme à Sedan et Metz, ou l'on nous fera décimer dans des combats jusqu'au jour où la France épuisée d'argent et d'hommes, demandera la paix.

Cinq heures soir : nous passons à Lorris ; 6 heures, soir, nous arrivons près de Coudroy situé à environ 3 kilomètres de ce dernier bourg. On nous fait camper, l'on nous force à établir nos tentes dans un terrain que la gelée rend impropre à un camp, par suite du mode de labourage employé dans ces contrées. 10 heures, soir : beaucoup des nôtres n'ont pu suivre la colonne par suite de cette marche de nuit, l'armée est arrivée en désordre à Bourges ; les retardataires passent, les uns sur la route directe pour Sully, les autres prennent la route de Château-Neuf ; ceux qui malgré les avis du capitaine de génie Rossel, qui se trouve en ce moment avec sa compagnie sur la place du village, prennent cette dernière route sont faits prisonniers dans le bourg, (on évalue le nombre des hommes qui sont faits prisonniers par l'ennemi à Château-Neuf à environ cinq cents,) car ils n'ont pu rattraper la colonne, et au moment où notre arrière-garde sort de cette dernière ville, l'avant-garde prussienne y fait son entrée.

Nous arrivons à Sully dans la nuit du six au sept :

aussitôt que la colonne a passé la Loire, l'on met le feu aux mines du pont de fil de fer, mais elles ne prennent pas. On met du goudron et du bois sur le pont, et le feu y est mis une seconde fois : aussitôt des flammes bleuâtres s'élèvent en tourbillonnant : les poutres craquent, et à 4 heures du matin, il ne reste du pont que quelques poutres échappées aux ravages de l'incendie : ce terrible fléau qui suit les armées vient de détruire une des beautés de l'architecture moderne.

Le 7, 9 heures du matin, l'on nous fait partir pour Gien. 10 heures, nous arrivons sur un plateau à 2 kilomètres de cette dernière ville, près du bois de St-Romain, l'on fait arrêter la colonne et nous bivouaquons.

De notre bivac, nous entendons au loin un bruit pareil à celui que l'on entend quand l'on défonce des caisses de biscuits à coups de marteaux, ce qui nous fait lancer des calembourgs, mais peu à peu, nous entendons parfaitement que ce sont des coups de canon, et en se penchant à terre, nous entendons le pétillement de la fusillade.

Nous nous avançons vers le versant opposé du plateau d'où nous découvrons Gien et Sully. 10 heures et demie : les avant-gardes du 15ᵉ corps d'armée font leur apparition, mais comme le pont de Sully est détruit, elles se dirigent le long de la Loire pour la traverser à Gien. L'ennemi qui suit ce corps d'armée pas à pas, voit alors le moment favorable d'attaquer, le combat s'engage à 11 heures : l'artillerie du 18ᵉ corps se met en batterie sur la rive droite de la Loire, pour protéger le 15ᵉ corps dont les hommes exténués de faim et de fatigue, livrent un combat inégal contre 40.000 Prussiens que ....? a rendus victorieux. Le combat se continue toute la journée, et nous sommes sur un plateau où nous voyons en spectateurs le champ de bataille dans toute son étendue.

Cinq heures, soir, on se décide cependant à nous faire marcher sur Gien. Arrivés dans la ville, nous voyons une cohorte de gens effarouchés, les uns nous demandent si nous serons assez forts pour repousser l'ennemi. Quoique nous sachions d'avance que l'on ne fera rien pour repousser les Prussiens, nous répondons : « Oui ! » pour ne pas les effrayer davantage : d'autres enfin moins crédules, déménagent et conduisent leurs meubles en sûreté.

Six heures, soir, nous traversons le pont de la Loire, et l'on nous fait camper près de la gare du chemin de fer.

Huit heures, on bat en retraite, et le 15e corps vient bivouaquer près de nous. Pendant toute la soirée l'on empêche de faire des grands feux pour ne pas donner, nous dit-on, le signal de notre présence, lorsqu'à 11 heures, l'on donne ordre de mettre le feu aux marchandises qui sont à la gare. Le feu est mis aux toiles goudronnées et se communique rapidement, des tonneaux de vin et d'eau-de-vie éclatent par l'activité de la chaleur, des flammes bleuâtres s'élèvent aussitôt en tourbillonnant, et les hommes, pareils à des fantômes, offrent à la vue un aspect fantastique à la lueur de l'incendie.

La destitution du général d'Aurelles de Paladines est à peine déguisée : déjà les généraux Chanzy et Bourbaki se sont partagés son armée. Le général Chanzy prend le commandement des 16e et 17e corps d'armée : le général Bourbaki prend le commandement du 15e et du 18e corps d'armée.

Le 8, 1 heure du matin, nous voyons se dessiner sur la neige une longue colonne noire qui se dirige sur Gien, nous apprenons que c'est le 15e corps d'armée qui commence le mouvement de retraite ; à 2 heures vient le tour du 18e corps.

Le 42e de Marche est d'arrière-garde, nous ne pouvous traverser la Loire qu'à 5 heures du matin. Aussitôt que les derniers d'entre nous sont passés sur le pont, une forte détonation se fait entendre, ce sont les mines que l'on a placées aux piles du pont qui font explosion. On nous fait passer par des chemins de traverse que la neige rend difficiles, et où il n'est permis de marcher qu'un à un. C'est un tableau sublime que de voir cette colonne de trente à quarante mille hommes engagés dans ces labyrinthes de neige.

Trois heures de l'après-midi : au moment où notre tête de colonne va traverser la route nationale, l'on nous fait faire une grande halte pour laisser passer l'artillerie.

A quatre heures nous nous remettons en marche ; 6 heures, nous arrivons dans un petit village pour y faire le café. On nous fait arrêter à cent mètres de ce village, près d'un tas de fagots, en forme de maison, appartenant à un pauvre homme qui n'a, nous dit-il, que ce petit commerce pour vivre avec sa femme et ses quatre enfants, et n'a que ce peu de bois pour vendre pendant l'hiver : mais à notre approche, il craignait pour ses fagots. Ses craintes ne furent malheureusement pas vaines, car aussitôt la halte sonnée, nous nous jetons sur son bois, comme une nuée de vautours sur des cadavres qui gisent sur un champ de bataille : chose surprenante, en moins de dix minutes, des feux flamboient de toutes parts au bivouac, et il ne reste plus un fagot. Un général ayant pris la réclamation du propriétaire en considération, vu sa pauvreté, lui fait un reçu de son bois, avec lequel il pourra se faire payer à la fin des hostilités.

Le 9, 1 heure du matin, nous arrivons près de.......... pour camper. Il faut que nous déblayions la neige avec nos gamelles de campement, pour établir nos tentes : aussi la moyenne de ceux qui campent est d'environ dix pour cent, et les autres se répandent dans les villages voisins.

Six heures du matin, on lève le camp. Quoique les tambours et les clairons sonnent le signal du départ, peu de nous se mettent sur les rangs. Le commandant, M. Durand, veut en bousculer quelques uns pour les mettre sur les rangs, il oublie sans doute que nous ne sommes pas des Prussiens, car quelques-uns le regardent d'un air menaçant et s'apprêtent à lui faire un mauvais parti. Il est contraint de se retirer : heureux d'en être quitte pour la peur : parmi les Français la force ne prime pas le droit. En effet, quelle force veut-on opposer contre notre droit : l'on nous fait battre en retraite, comme on vient de le voir, après les combats des 28 et 30 novembre, sans avoir été vaincus, sans avoir même tourné le dos à l'ennemi durant un seul combat, voilà ce que nos chefs ne peuvent comprendre : ils croient donc que nous allons marcher en retraite avec autant de joie que quand nous marchions à l'ennemi, aux cris du Chant du Départ. Enfin, 7 heures, l'on se décide à se mettre en marche par groupes de 50 à 60 hommes.

La déroute est complète, chacun suit la route nationale à sa guise ; aussi est-elle encombrée de voitures, cavalerie, artillerie et infanterie, tout se heurte dans un grand désordre qui rend notre marche plus difficile. Pendant ces journées de revers pour l'armée de la Loire, des dépêches ainsi conçues circulent dans toute la France : « L'armée de la Loire est coupée : mais elle opère sa retraite en bon ordre, le moral de l'armée est toujours excellent. » Nous ne pensons pas comme ces dépêches : nous sommes mal vêtus, et nous avons reçu les derniers biscuits à Gien, où l'on nous a fait brûler ce qui nous serait utile maintenant, car parmi ce qui a été détruit par les flammes, il y avait du linge, des chaussures et des vivres en quantité, on nous a mis par ce moyen dans l'impossibilité d'engager un combat, car la faim est le plus terrible des fléaux qui puisse tomber sur une armée en campagne.

La faim, c'est le désordre, la faim c'est l'indiscipline. En effet comment dire à un homme qui a faim, quand il passera dans un village où il saura que des Français comme lui sont bien logés, ont du pain, enfin tout ce qui est nécessaire à la vie, tandis que lui, pauvre soldat qui sacrifie sa vie pour sa patrie, pour ces habitants que nous venons de voir, comment dire à ce soldat de ne pas quitter les rangs pour aller demander un morceau de pain à ce compatriote ? Quel est aussi celui qui refuserait un morceau de pain à celui qui se meurt, à celui qui verse généreusement son sang pour la défense de ceux qui possèdent ? Ce serait être bien cruel, n'est-ce pas, chers lecteurs, que de refuser la vie à un mourant, et un chef n'aurait pas le cœur assez dur pour refuser à un soldat de quitter les rangs : donc deux cents soldats, ou plus, quittent les rangs d'une colonne en traversant un village ; voilà le désordre, voilà l'indiscipline que l'on a tant reproché à cette armée qui ne demandait qu'à s'illustrer comme celles de 1792. Voilà ce désordre et cette indiscipline causés par le manque du nécessaire. Il faut voir nos malheureux soldats opérant cette retraite ; jamais une armée n'a présenté un tel aspect de désastre. Ces fiers soldats, abattus par la défaite, sans vivres, n'ont plus que l'amertume au cœur, et l'injure aux lèvres. Ils maraudent pour vivre. Leur tenue est telle que les populations effrayées fuient à leur approche.

Le 10, 10 heures du matin, départ. En route ce qui nous frappe le plus l'attention, c'est le soin très scrupuleux qu'ont les Prussiens pour leurs morts. En effet nous les voyons sur les champs de bataille ramasser leurs morts et leurs blessés, et il faut un combat terrible ou une retraite précipitée pour qu'ils les abandonnent. Nous voyons aussi quels soins ils prennent en enterrant les cadavres, que l'on ne puisse s'apercevoir du nombre qu'ils ont mis dans une fosse, ils ont soin de trépigner sur l'emplacement, afin de dérouter les curieux, tandis que dans notre armée, c'est le contraire. Du 25 novembre au 4 décembre que nous avons livré des combats sur les plaines de Baume-la-Rolande, nous n'avons pas vu l'ombre d'une ambulance, si ce n'est celle des Prussiens qui ont bien voulu recevoir et soigner quelques blessés français que nous avons pu leur porter.

Ceux de nos blessés qui n'avaient pas de camarades intimes pour veiller sur eux, ont été impitoyablement abandonnés là, dans un champ où dans un ruisseau, où les projectiles les ont frappés. Ils sont morts à petit feu, appelant à leur secours dans les dernières convulsions de leur agonie ; mais seul l'écho du canon et de la fusillade leur ont fait réponse. Ah ! si les mères, les sœurs et les amis de ces infortunés avaient su qu'un des leurs était dans un champ à attendre dans de cruelles souffrances, une mort qui ne venait pour eux qu'à pas lents, et qu'une seule main amie pouvait les sauver, ils auraient volé à leur secours. Eh bien, aujourd'hui encore sur notre route, l'on veut perpétuer le douleureux souvenir de ces champs de bataille dans nos mémoires. On veut perpétuer le souvenir des cris de détresse de ceux que nous avons laissé mourir là-bas, faute d'avoir pu leur porter secours, Eh bien ce qui perpétue ce souvenir dans nos pensées, ce sont des voitures de bagages chargées de cuirasses, de sacs, de bottes, de fusils, tous ces objets sont maculés de sang, et chacun de nous reconnaît des objets ayant appartenus à un de ses camarades. De grâce, nous demanderions que l'on fasse disparaître ces souvenirs de nos colonnes, pour ne pas affaiblir notre courage. La Patrie est en danger nous devons la sauver et pleurer nos camarades ensuite. Mais comment adresser une pareille demande : nos chefs riraient de ceux d'entre nous qui l'adresseraient. Il vaut donc encore mieux conserver le silence, et détourner, s'il le faut, les yeux de ces lugubres souvenirs de nos camarades morts pour la défense de la France, envahie par les légions despotiques de l'Allemagne.

A 4 heures du soir, nous arrivons près d'un petit village où l'on nous fait cantonner.

Le 11, 9 heures du matin, départ, nous arrivons à 10 heures du soir pour bivouaquer près d'un petit village. A droite de la route s'élève une colline où des feux de bivouac sont allignés avec art. Notre compagnie est de grand'-garde dans un jardin du village. Ce qui peut nous faire croire que c'est dans un jardin que nous sommes bivouaqués, ce ne sont que les arbres que nous reconnaissons à leur forme pour des arbres fruitiers, et des vestiges de légumes que nous trouvons en déblayant la neige.

Le 12, 5 heures du matin, départ ; nous prenons un chemin de traverse pour nous diriger sur Bressy ; nous arrivons dans cette place le 13 à 1 heure du matin, pour camper dans la prairie, près de ce dernier village. La terre est toujours couverte de neige, et un froid rigoureux se fait sentir. 4 heures du matin, l'on nous fait une distribution de biscuits par homme. 6 heures, départ ; nous nous dirigeons sur la route de Bourges. A 4 kilomètres de cette ville l'on nous fait prendre un chemin de traverse sur la droite pour nous rendre à Fussy où nous arrivons à 4 heures de l'après-midi ; l'on nous fait camper dans les champs. La neige commence à fondre ; aussi est-elle remplacée par la boue, et une pluie fine commence à tomber. Nous sommes obligés, de mettre des branches d'arbres sous nos tentes pour ne pas enfoncer. Notre compagnie est campée dans un jardin.

Le 14, la 2e compagnie du 2e bataillon est de grand'-garde près d'une forêt. Quoique l'on nous aît dit que les Prussiens ne sont pas éloignés, nous passons la journée sans aucun incident. 7 heures soir, un beau panorama se déroule à nos regards, le village est bâti en amphithéâtre, et des feux sont allumés par rangs, on dirait que le village est en fête, tant il est rempli de cris bruyants.

Le 15, 10 heures du matin, on vient nous relever de garde et nous allons reprendre les places que nous occupions le 14 au matin, c'est-à-dire que nous bivouaquons dans un jardin qui se trouve sur une petite éminence, et au pied duquel une petite rivière se déroule dans la prairie comme un ruban d'argent. Au loin la forêt ferme l'horizon de ce petit panorama.

Le 16, 7 heures du matin, nous recevons l'ordre de partir pour Bourges, et l'on nous annonce la revue du ministre de la guerre, M. Gambetta. Nous arrivons près de cette ville à 1 heure de l'après-midi. Soit que le Ministre de la guerre ne se soit pas fait connaître, soit qu'il juge à propos de nous laisser reposer, la revue n'a pas lieu. On fait cantonner le 2e bataillon du 42e de Marche à Pont-de-Moulin dans une fabrique de toiles cirées.

Le 17, midi, manœuvre du régiment, afin de nous faire connaître les places que nous devons occuper en cas d'attaque. 3 heures, nous sommes libres. Nous allons visiter les fortifications qui sont poussées avec une grande activité. L'intérieur de la ville est transformé en un grand camp, on ne voit que soldats dans les rues. Des affiches signées par le Ministre de la guerre, recommandent le calme aux habitants, de; ne pas s'effrayer d'une si grande agglomération de troupes dans leur ville, que cette agglomération ne doit durer que quelques jours, car les troupes vont être dirigées sur un point du théâtre de la guerre, qui doit rester inconnu pour le moment.

Le 18, nous recevons au 42e de Marche un détachement de jeunes soldats du 3e de Ligne pour compléter nos compagnies, on fait aussi des nominations pour compléter les cadres. Entre autres, le général de brigade M. Bonnet, du 18e Corps, passe général de division au 15e Corps, le général de brigade, M. Billot, passe général de division au 18e Corps. Le général Bourbaki prend en chef le commandement de cette armée que nous allons compléter à Nevers et qui prendra le nom d'armée de l'Est.

Le 19, 9 heures du matin, départ. A 2 kilomètres de Bourges, on nous fait arrêter sur deux rangs du côté droit de la route, et l'on nous annonce le général Bourbaki. Le général passe devant nous, mais on le regarde avec indifférence : ni un geste, ni une acclamation n'accueillent sa présence au milieu de nous. 4 heures, soir, nous arrivons près de Bressy, l'on nous fait camper à 2 kilomètres de ce dernier village.

Le 20, 9 heures du matin, départ : en route, les esprits se rassérénèrent en voyant cette longue colonne noire se dessiner sur la route : nous n'en voyons pas la fin. Tout ce monde et ce nombreux matériel de guerre nous donnent l'espoir d'être vainqueurs, et nous attendons avec impatience le jour où nous pourrons nous mesurer avec l'ennemi. Nous arrivons à 4 heures et demie pour camper près de Lansergues. Dans la soirée nous recevons encore un détachement du 3e de Ligne. 8 heures soir, la pluie commence à tomber et continue durant la nuit.

Le 21, 6 heures du matin, on doit fusiller un soldat qui a pris du miel dans une ruche d'abeilles, hier soir, dans le jardin d'une maison qui se trouve sur la droite de la route. 11 heures du matin, départ. 3 heures de l'après-midi, nous arrivons à La Charité, nous n'y faisons qu'une halte à la sortie de la ville. 4 heures, on nous fait partir pour aller à Ravaux, petit village situé à 6 kilomètres de La Charité. Nous y arrivons à 5 heures 1/2, on nous fait camper près du village.

Le 23, le commandant M. Durand, passe une revue de vivres et de munitions. Pour les cartouches, tout le monde a le compte réglementaire ; mais pour le pain et les biscuits, le commandant n'en peut voir la trace, car depuis le 20, nous n'en avons reçu qu'une ration de 300 grammes à Lansergues ; aussi la misère et la famine règnent-elles au camp. On nous annonce une grande revue pour demain neuf heures du matin.

Le 24, 9 heures du matin, tout le monde au camp est sous les armes, comme hier, on nous a annoncé une grande revue, nous regardons de tous côtés, si nous ne voyons pas venir ce général ou ce chef quelconque, qui doit nous passer la revue, lorsqu'à notre grande surprise, nous voyons un de nos camarades attaché à un piquet, sur la lisière d'un bosquet, à 150 mètres au Nord-Est du camp. Le patient attend avec courage une mort qu'il n'a certes pas méritée, son crime est d'avoir été pris en train de déboucher une fiole d'huile pour en boire le contenu qu'il croyait être de l'eau-de-vie, et qui appartenait à son lieutenant dont il était l'ordonnance. Enfin nous voyons venir l'aumônier suivi du lieutenant-colonel, du commandant

Durand et d'un piquet formé de 12 hommes et d'un sergent.

Dix heures et demie, on lit la sentence au condamné.

Dix heures 3/4, une détonation se fait entendre ; la
cruauté des chefs qui ont institué la cour martiale est
satisfaite, le malheureux est tombé la face contre terre et
nage dans son sang. Le défilé devant le mort n'a pas lieu,
car chacun de nous, au moment de l'exécution, n'a pu
retenir une larme et la plupart posent leurs armes à terre
pour se soustraire à la vue de cet acte arbitraire. Ce n'est
pas la seule exécution, car huit détonations successives
nous annoncent que huit autres de nos camarades viennent d'avoir le même sort que celui qui est devant nous.
Voilà ce qu'a amené cette institution que nous ne pouvons
prononcer désormais qu'en frémissant ; elle met un chef
dans la possibilité de se débarrasser d'un homme qui ne
lui plaît pas, sans autre forme de procès que quelques-uns
des collègues de ce chef qui déclarent cet homme passible
de la peine de mort, et mettent pour acte d'accusation
que cet homme a volé un fagot de bois, ou un chou.

Cette institution a été établie à l'instar de celle qui
existait parmi les armées de la République, en 1792, avec
cette grande différence que celle instituée en 1870 n'est
appliquée qu'aux soldats, et laisse nos chefs maîtres
absolus de leurs actions, avec le droit de vie ou de mort
sur leurs soldats. En effet, quel est le soldat qui n'a pas
mérité la mort, c'est-à-dire quel est le soldat qui ne s'est
pas rendu coupable d'une de ces mille niaiseries que l'on
s'est plu à ajouter au code militaire, et qui fait douter que
des hommes de bon sens aient pu signer un pareil décret.

La cour martiale établie en 1792 ne consistait qu'en
la rapidité de l'exécution des jugements, et était applica-
ble à tous : un chef qui manquait à son devoir était aussi

bien puni qu'un soldat. Nous savons bien que cette dernière a amené quelques abus, puisque les généraux Custine, Houchard, etc., ont porté leurs têtes sous le couteau de la guillotine : mais en revanche, nos armées rentrèrent victorieuses après ce duel à mort contre les nations de l'Europe : le comité de salut public a poussé la témérité jusqu'à décréter leurs victoires. Pendant la guerre actuelle, on va fusiller des milliers d'hommes, abattre le courage des soldats et nos armées seront vaincues. En effet, à l'appel de 11 heures, l'on nous lit au rapport que les commandants de chaque compagnie de toutes armes auront à fournir un état de un militaire pour être fusillé : cet homme sera celui de chaque compagnie qui aura le moins de bonnes notes, qu'il soit ou non coupable d'un délit spécifié ou prévu par la circulaire du 2 octobre. Voyant que nous n'applaudissons pas à ces projets, c'est-à-dire que nous mettons déjà de la résistance au lieu d'une obéissance passive, à fusiller nos camarades, et que chacun fait son possible pour faciliter l'évasion de ceux qui sont désignés pour les piloris, quelques-uns que l'on pourrait appeler tigres sanguinaires, prendraient la résolution d'exécuter eux-mêmes cette terrible tâche. Nous ne l'affirmons pas, quoique nous ayons vu trois cadavres mutilés de coups de sabres.

Au dire des habitants d'un village voisin, celui qui est ainsi condamné est éloigné du camp sous un prétexte quelconque, où il est tué par une main assassine quand il est hors de la vue du camp : les trois cadavres que nous avons vus, ont été trouvés dans les parages avoisinant le camp. Ce qui peut encore donner raison à ces habitants, c'est que ces trois cadavres ont été reconnus pour être ceux de trois hommes déjà condamnés à la prison, et susceptibles d'être traduits devant la cour martiale. Dans les villages voisins, tous ceux qui nous racontent ces faits sont terrifiés de voir ces actes de cruauté : « Voilà, disent-ils, comme l'on traite ceux que la France envahie a mis sous les armes, pour repousser les corbeaux de la tyrannie qui ont envahi son sol. »

Nos bonnes espérances du 20 décembre sont déçues en voyant ces ignominies à notre égard, le découragement est à son comble ; chacun de nous s'attend à avoir le même sort que ceux que l'on a déjà fusillés, si l'on ne nous délivre pas bientôt de ce maudit camp qui nous est si funeste.

Combien de parents, de frères, de sœurs pleureront l'absence de leurs fils, de leurs frères, qu'une mort si cruelle a séparés d'eux à jamais ; et leurs ombres crieront à jamais vengeance d'avoir été assassinés par des Français, par ceux-là mêmes qui devaient les conduire à la victoire. Ils sont morts, et leur mort a été décrétée par une ignoble institution que beaucoup ont approuvée. Croient-ils, ceux-là, qu'un homme qui tient la campagne par toutes les intempéries des saisons, et qui est souvent sans vivres, si un jour il dérobe chez un habitant un chou ou un fagot de bois, que ce dernier lui a refusé, croient-ils ces insensés, que l'homme qui a commis ce larcin mérite la mort ?

Ce n'est pas par des actes de cruauté si inouïe que l'on conduit une armée ; la plupart des hommes qui ont approuvé cette loi sauvage envers le soldat, appellent général malheureux celui qui a vendu son armée à l'ennemi ou qui n'a pas employé tous les moyens en son pouvoir pour gagner la victoire. Nous avons cru devoir reproduire ici la circulaire qui a établi la cour martiale, afin que le lecteur puisse juger avec quelle légèreté on condamne un homme à la peine de mort, enfin qu'on l'exécute et qu'on l'envoie dans le séjour de Pluton.

MINISTRE

DE LA

GUERRE

—

DÉCRET

Le gouvernement de la Défense nationale, considérant que du maintien et du rétablissement de la discipline dépendent la dignité et la force des armées : considérant que la législation et les règlements actuels ne contiennent pas de dispositions qui permettent de réprimer immédiatement les crimes et délits commis par les militaires en campagne.

Décrète :

ARTICLE PREMIER

A partir de la promulgation du présent décret, les cours martiales sont établies pour remplacer les conseils de guerre, jusqu'à la cessation des hostilités dans les divisions actives et dans les corps de troupes détachés de la force d'un bataillon au moins, qui marchent isolément.

ART. 2

Il n'y aura lieu ni à révision, ni à cassation des sentences rendues par les cours martiales.

ART. 3

La plainte dressée par l'autorité qui aura constaté le délit ou le crime, et portant le nom des témoins, sera transmise dès l'arrivée au gîte du soir, à l'officier du grade le plus élevé ; celui-ci donnera l'ordre de la convocation immédiate de la cour martiale qui se réunira aussitôt au lieu indiqué par son président.

Le Président donnera lecture de la plainte en présence de l'accusé ; le conseil entendra les témoins présents de l'accusation, puis l'accusé et les témoins à décharge qu'il appellera et s'ils sont présents : l'accusé aura la parole le dernier, il n'y aura pas de plaidoierie par avocat pour ou contre.

Le Président fera sortir l'accusé, résumera les dépositions faites en faveur de l'accusé et celles faites contre lui.

Il posera en ces termes, une question unique aux membres du conseil, en commençant par les moins élevés en grade.

Au nom de la Patrie envahie :

Le nommé un tel est-il coupable d'avoir « brisé son arme, maraudé, insulté un supérieur ».... etc.

Il sera répondu par oui ou par non.

La majorité simple décidera de la culpabilité.

Le greffier rédigera, séance tenante le procès-verbal, et le président, faisant rentrer l'accusé, lui lira la sentence qui le condamne ou qui l'acquitte.

En cas de condamnation, la sentence sera exécutée le lendemain matin, avant le départ des troupes, en présence du bataillon auquel appartient le coupable.

ART. 4

Pour les soldats, caporaux, brigadiers et sous-officiers, la cour martiale de la division se composera d'un chef de bataillon, président ; de deux capitaines, d'un lieutenant ou d'un sous-lieutenant qui resteront tous en fonctions pendant quinze jours sans être renouvelés, et d'un sous-officier qui appartiendra toujours à la compagnie de l'accusé. Un sergent-major remplira les fonctions de greffier, sans voix de délibération. Pour toute fraction constituée de la division, en marche isolément, de la force d'un bataillon, la cour martiale se composera de deux capitaines dont le plus âgé présidera, d'un lieutenant ou d'un sous-lieutenant et de deux sous-officiers, dont l'un appartiendra toujours à la compagnie de l'accusé ; un sergent-major sera greffier.

Les cours martiales des fractions isolées cesseront de fonctionner aussitôt qu'elles seront revenues au campement de la division ; partout ailleurs elles fonctionneront.

Art. 5

Les compositions des cours martiales pour les officiers seront les mêmes que celles des conseils de guerre concernant les officiers, mais la procédure sera la même que celle suivie à l'égard des soldats, caporaux, brigadiers ou sous-officiers.

Art. 6

Seront punis de mort les crimes et les délits suivants : assassinat, meurtre, désertion, embauchage pour commettre un des faits punis de mort par le présent décret, complicité dans un des faits, espionnage, vol, maraudage, pillage avec ou sans armes, refus de service à un supérieur, avec ou sans menaces, ou injures, inexécution d'ordres compris et réitérés, avec l'intention d'opposer de l'inertie, injures, menaces, voies de fait envers un supérieur, provocation en paroles à la révolte ou à l'indiscipline, bris d'armes, perte volontaire d'armes, afin de ne pas marcher au feu, destruction de munitions dans le même but, fait en présence ou non de l'ennemi par lâcheté.

Au feu, tout officier ou sous-officier est autorisé à tuer l'homme qui donne une preuve de lâcheté, en n'allant pas se mettre au poste qui lui est indiqué, ou en jetant le désordre par fuite, panique, ou autre fait de nature à compromettre les opérations de la compagnie et de son salut qui dépend de la résistance et de l'accomplissement courageux du devoir.

Art. 7

Tout individu, non militaire, qui se rendra complice d'un militaire dans un des crimes et délits prévus ci-dessus sera soumis à la même juridiction et passible des mêmes pénalités.

Art. 8

Seront traités comme maraudeurs, et punis comme tels les trainards sans armes que les chirurgiens du corps n'auront pas autorisés à suivre avec l'arrière-garde, s'ils ne marchent pas en ordre sous sa conduite.

Art. 9

Chaque division aura une prévôté composée de 32 gendarmes à cheval, commandés par un officier ; cette troupe se divisera au besoin de manière que chaque portion de corps marchant isolée, soit accompagnée au moins de deux gendarmes et d'un brigadier.

La prévôté arrêtera d'elle-même tous les délinquants, quels qu'ils soient, officiers ou non, et dressera des procès-verbaux des délits commis, qui seront aussitôt transmis au commandant de la colonne ; contre les délinquants qui tenteraient de fuir ou de faire résistance, elle fera usage de ses armes.

La prévôté recevra et conduira les délinquants qui lui seront remis par une autorité quelconque de la colonne. Quand il y aura lieu, il lui sera donné des hommes de garde pour conduire les délinquants.

La juridiction pénale des prévôtés, prévue par les articles 51-52 et 75 du code de justice militaire, s'étend à la suite du corps d'armée sur tout le sol français.

Art. 10

Tous les manquements simples au service seront punis par le doublement de sentinelles des grand'-gardes ou avant-postes, mais une de ces sentinelles ou deux, ou toutes les deux, s'il n'y a pas d'hommes punis, appartiendront toujours à la fraction constituée de grand'-garde.

Art. 11

Les dispositions du présent décret s'appliquent à tous les corps de troupes d'armée, équipés et entretenus aux frais de la République ou qui auraient seulement reçu l'attache de belligérants.

Art. 12

Dans tous les cas non prévus par le présent décret; les pénalités édictées par le code de justice militaire devront être appliquées.

Art. 13

Le vice-amiral, ministre de la guerre par intérim, est chargé de la promulgation et de l'exécution du présent décret.

Fait à Tours, le 2 octobre 1870

Pour le gouvernement de la Défense nationale,
Les membres de la délégation,
Signé : Ad. Crémieux, Al. Glais-Bizouin, L. Fourrichon.
Par le gouvernement
Le vice-amiral, ministre de la guerre par intérim,
Signé : L. Fourrichon.

Le 25 décembre, dans la matinée, la neige fait sa seconde apparition. A 1 heure de l'après-midi, on doit fusiller un soldat du 9e bataillon de Chasseurs à pied, qui est accusé d'avoir volé une oie au préjudice du châtelain de Ravaux, auquel la Révolution de 1789 n'a pas fait de grands torts, car presque tout le village de Ravaux et les fermes avoisinantes lui appartiennent. Il ne demande cependant pas grâce pour le condamné quoique ses moyens lui permettent bien de perdre une somme si minime pour sauver l'honneur d'une famille. Tous les hommes du bataillon de Chasseurs se refusent de fusiller leur camarade.

Trois heures, on nous fait partir : une neige fine, chassée par le vent, nous fouette la figure. En passant à Ravaux, nous ne pouvons passer devant le cimetière sans détourner les yeux, car onze petits monticules de terre fraîchement remuée, nous montrent que onze de nos camarades y ont été ensevelis, après avoir eu la poitrine trouée de balles françaises.

A mesure que nous nous éloignons de ce camp funèbre, nos poitrines semblent respirer plus à leur aise, seulement, si nous détournons nos regards à l'arrière de notre colonne, nous voyons, escortés par des baïonnettes, cinq ou six de nos camarades, ayant les bras liés avec des cordes comme de vils criminels, ils vont traverser les villages sur notre passage, et ensuite, quand le caprice des chefs mettra un terme à cette humiliation, chacun de ces malheureux sera attaché à un piquet, comme de vils animaux dont on veut se débarrasser : douze balles leur troueront la poitrine et ils seront jetés dans un trou près d'une forêt, pour être la proie des animaux carnassiers, si un cimetière ne se trouve pas à portée de leur exécution.

Voilà, mères éplorées le sort de vos fils, que vous avez élevés pendant vingt ans, que vous avez laissé partir pour la défense de la patrie envahie : voilà ce que l'on fait de vos défenseurs !

Nous arrivons à La Charité à 4 heures et demie ou du moins nous sommes bivouaqués aux abords de la gare du chemin de fer en attendant la formation du train. Les boulangers de la ville ont appris que nous manquions de pain depuis plusieurs jours : ils en ont fait une grande quantité : mais à notre grand étonnement les issues de la ville sont gardées par des gardes nationaux, ayant le fusil chargé, et qui ont reçu l'ordre de faire feu sur n'importe quel soldat qui chercherait à entrer en ville ; les officiers seulement ont accès libre. (Nous ne pouvons nous expliquer pourquoi on prend cette mesure rigoureuse envers les soldats, tandis que l'on donne carte blanche à MM. les officiers pour entrer en ville). Quelques soldats cependant, malgré la vigilance des gardes nationaux, parviennent, non sans courir les plus grands dangers, à entrer à La Charité, et rapportent au bivouac du pain qui est revendu par eux à environ 3 francs le demi-kilog ; il pourrait se vendre plus cher si les bourses étaient mieux garnies.

DEUXIÈME PARTIE

ARMÉE DE L'EST

ARMÉE DE L'EST

Général en chef : Bourbaki.

15e Corps d'Armée

Commandants successifs..	Général des Pallières, du 6 août au 6 décembre. Général Martineau des Cheney. Général Bonnet.
Chef d'Etat-Major	Colonel des Plas.
Commandant d'artillerie.	Général de Blois.
Commandant de la 1e Division d'infanterie	Général de Chabron.
Commandant de la 2e D^{on}	Général Martineau des Cheney.
Commandant de la 3e D^{on}	Général Peytavin.
Commandant de cavalerie.	Général Longuerue.

18e Corps d'Armée

Commandants successifs..	Général Bourbaki, du 2 au 5 décembre. Général Billot.
Chefs d'Etat-Major successifs................	Colonel Gallot, du 5 déc^{bre} au 18 janvier. Lieutenant-colonel de Sachy.
Commandant d'artillerie..	Colonel Charles.
Commandant le génie. ...	Colonel de la Berge.
Commandant la 1e Division	Général Feillet-Pilatrie.

Commandant la 2ᵉ Division	Penhont, contre-amiral.
Commandant la 3ᵉ Division	Général Bonnet.
Commandant la cavalerie..	Général de Brémont d'Ars.

20ᵉ Corps d'Armée

Commandants successifs..	Général Crouzat, jusqu'au 16 décembre.
	Général Clinchamp.
Chef d'État-Major	Colonel Varaigne.
Commandant d'artillerie..	Colonel Chatillon.
Commandant le génie.....	Colonel Picofat.
Commandant la 1ᵉ Division d'infanterie	Général de Polignac.
Commandant la 2ᵉ Division	Général Chareton.
Commandant la 3ᵉ Division	Général Segard.

24ᵉ Corps d'Armée

Commandant............	Général Bressoles.
Commandant la 1ᵉ Division d'infanterie	Général Darier.
Commandants successifs de la 2ᵉ Division	Général Irlande.
	Général Comagny.
Commandant de la 3ᵉ Division d'infanterie	Général Busserolle.

Division indépendante

Commandant,........	Général Crémer.
Chef d'état-major.....	Colonel Poullet.

Le 26 décembre, 2 heures du matin : l'on nous fait monter dans les wagons ; 2 heures 1/4 le train s'ébranle, et nous sommes dirigés sur Nevers ; nous arrivons à la station de cette ville à 7 heures du matin, le train s'arrête : mais nous ne descendons pas. Les 20ᵉ et 24ᵉ Corps d'armée, qui doivent former avec nous l'Armée de l'Est, sont campés près de cette ville depuis plusieurs jours. Neuf heures du matin, le train se remet en marche, et nous sommes dirigés cette fois sur Chagny où nous arrivons à 10 heures du soir. La neige couvre la terre de son linceul blanc, on nous fait cantonner dans la ville. La 1ʳᵉ et la 2ᵉ

compagnie du 2ᵉ bataillon ont la rotonde des machines de
la gare du chemin de fer, pour cantonnement.

Le 27, 6 heures du matin, un piquet de gardes-nationaux de la ville est conduit sous le commandement d'un
officier du 9ᵉ bataillon de Chasseurs à pied, sous le tunnel
du chemin de fer, pour y fusiller le soldat de ce bataillon,
qui, on se le rappelle, a été condamné à mort à Ravaux,
et que ses camarades ont refusé de fusiller. Six heures et
demie, une forte détonation se fait entendre. Quelques-uns
des nôtres vont voir ce que peut être cette détonation ils
sont conduits par d'autres soldats sous le tunnel du chemin de fer où vient d'avoir lieu la détonation. Ils y virent
le cadavre du Chasseur nageant dans son sang. Cinq minutes plus tard, un cavalier de l'escorte de l'Etat-Major
portant la grâce de la victime, arrive tout haletant : mais
il est trop tard. Les gardes-nationaux du piquet d'exécution sont l'objet des imprécations les plus dures de notre
part. Leur désespoir est grand en apprenant de nos camarades de quoi est coupable la victime. Ils s'irritent contre
nos chefs en reconnaissant qu'on les a trompés, par un
mensonge perfide, pour leur faire assassiner un soldat.
Neuf heures du matin, on fait une distribution de vivres :
nous n'en avions pas touché depuis le 20 au matin où
nous avions reçu un demi pain et quatre biscuits par
homme. On peut juger si nous sommes heureux d'avoir
du pain. Onze heures et demie appel en armes, on nous
annonce que nous cantonnerons dans les villages jusqu'à
la fin de l'hiver : on nous annonce aussi qu'un général
nous passera la revue demain. On nous raconte des avantages fabuleux qu'ont remportés nos armées dans différents endroits de la France. Tous ces contes que la plupart
de nous ne croient pas, sont cependant, à notre pensée,
très bien inventés pour ne pas nous décourager, et entre-

tenir dans nos cœurs une lueur d'espoir pour le salut de la patrie.

Le 28, 11 heures du matin : nous sommes réunis sur le terrain de manœuvres, où dans la neige jusqu'aux genoux, nous attendons le général qui nous a été annoncé hier. Après deux heures d'attente, il ne vient pas ; nos officiers, nous voyant presque morts de froid, (ils n'avaient pas bien chaud non plus) jugent à propos de nous renvoyer dans nos cantonnements. Le commandement de rompre les rangs est accueilli de tous par un cri de joie ; chacun court dans toutes les directions, comme des écoliers pour lesquels vient de sonner l'heure de la récréation. Dans l'après midi, en nous promenant dans la ville, nous apprenons, par des civils, que ce matin, pendant que nous attendions dans la neige le général qui devait nous passer la revue, celui-ci était dans un hôtel en train de faire des plans de bataille autour d'une table chargée de mets, en guise de cartes géographiques. Bien triste nouvelle pour des soldats qui souffrent depuis si longtemps le froid, la faim et la fatigue, et qui n'attendent qu'avec impatience le jour où il pourront encore se mesurer avec l'ennemi pour en finir avec cette vie errante. Que d'amères pensées traversent notre esprit en pensant qu'un chef, sans doute placé dans les premiers commandements de notre armée, était dans un hôtel à faire bonne chair, au lieu de s'occuper de ses soldats et de faire pourvoir à leurs besoins en vivres, habillement et équipement, et de les conduire au combat, c'est-à-dire les conduire seconder leurs camarades de la Division Crémer, pour reprendre Nuits et marcher en avant, comme ce dernier général en a exprimé le vœu, si nous en croyons ce qu'il a écrit dans sa campagne de l'Est, page 358, Crémer voulait reprendre aussitôt l'offensive et était résolu à se porter sur Nuits, il en prévint le général Billot qui était arrivé à Chagny avec le 18e Corps et lui demanda du secours en cas d'attaque.

« Le commandant du 18e Corps avait reçu l'ordre for« mel de rester à Chagny : on prescrivit à Crémer lui-même
« de ne point quitter Beaune, afin de masquer le mouve« ment de l'armée qui s'opérait en arrière de lui. On espé« rait de la sorte tromper Werder et le retenir à Dijon. Cré« mer devait poursuivre avec une nouvelle activité les tra« vaux entrepris à Beaune et tenter ainsi de cacher aux
« Prussiens l'arrivée de Bourbaki, en leur faisant croire à
« notre faiblesse numérique ».

« Le 31 décembre, Crémer entra à Dijon que Werder
« avait abandonné la veille. Celui-ci s'était retiré par Gray
« sur Vesoul. Crémer avait plusieurs fois écrit au général
« Billot, qu'il fallait attaquer Werder à Vesoul et le couper
« ainsi de Belfort. Deux Corps le 18e et le 20e avec la divi« sion de Crémer eussent suffi pour cette opération. Le
« général déclarait également que si nos mouvements
« continuaient avec la même lenteur, nous donnerions le
« temps à nos ennemis de recevoir une armée de secours.
« Le succès était affaire de rapidité. Malheureusement le
« général Bourbaki ne se hâta pas et les prédictions de
« Crémer durent fatalement se réaliser ».

Le 29, 8 heures du matin : on nous fait une distribution de vivres, et à 9 heures, nous quittons Chagny en emportant dans nos cœurs les bons souvenirs de la bienveillante hospitalité des habitants de cette ville. Cinq heures, soir, nous arrivons à Ste-Marie-la-Blanche où l'on nous fait cantonner. Nous trouvons un grand changement dans la différence de caractère des habitants de ces contrées avec ceux du Loiret, qui, comme nous l'avons déjà dit, préféraient les Prussiens aux Français, et souhaitaient par de fortes démonstrations la victoire aux Prussiens et le revers aux Français, parce que, disaient-ils, les Prussiens ne faisaient pas autant de ravages que nous. Dans ces contrées ci, au contraire, les habitants montrent un entrain patriotique admirable, et leur bon accueil à notre égard nous redonne le courage, le désir de combattre, et l'espoir de vaincre.

Le 30, 10 heures du matin départ pour Auvernay, où nous arrivons à 8 heures du soir pour y cantonner.

Le 31, 8 heures du matin, départ pour Pagny-la-Ville où nous arrivons à 4 heures du soir. Moitié du régiment cantonne à Pagny-le-Château, et l'autre moitié à Pagny-la-Ville. Les Prussiens ont laissé trace de leur passage, dans les villages que nous occupons. Les habitants nous racontent les actes de pillage dont ils ont été les victimes.

Le 1er janvier 1871.— En temps de paix, on passerait cette journée à se faire des souhaits de prospérité pour l'avenir : mais nous autres, nous ne souhaitons que d'être vainqueurs et de nous retrouver sains et saufs, pour mieux fêter le nouvel an 1872 ; nous sommes assez philosophes pour penser avec sang-froid qu'il en manquera à l'appel à cette époque : cela ne nous empêche pas de nous donner force poignées de mains, tout en jurant de nous venger sur l'ennemi. Oui grand étonnement des habitants du village qui croyaient nous avoir pour toute la journée, à l'occasion du nouvel an ; la marche du régiment sonne, on se met sur les rangs et ce n'est qu'à regrets que ces braves habitants nous laissent partir. En route nous apprenons que les Prussiens ne sont pas éloignés et que peut-être nous serons attaqués dans la journée : mais il n'en est rien nous arrivons sans aucun incident à Labergement à 4 heures du soir ; on nous y fait cantonner.

Le 2, 8 heures du matin, départ : 10 heures nous arrivons près d'Auxonne. On nous fait faire une halte près des fortifications pendant que nos officiers vont déjeuner en ville, pendant cette halte nous voyons avec admiration les travaux de défense de cette petite ville, dont il y a quelques semaines, les Prussiens ont abandonné le siège pour aller prendre des villes ouvertes, dont la prise est plus facile il est vrai, mais aussi avec moins d'honneur pour le drapeau prussien.

En effet, il ne laisseront en France que le souvenir de leurs vols et de leurs cruautés, et non de leur courage. Onze heures, un bataillon de Marche du 6e bataillon de Chasseurs à pied, vient se joindre à notre colonne. On se remet en marche, et nous arrivons à 3 heures du soir à Dammartin : on nous y fait cantonner, mais à 5 heures et demie, nous nous remettons en marche pour aller traverser l'Ognon, petite rivière qui arrose les confins de la Haute-Saône et du Doubs, et se jette dans la Saône au sud d'Aubigney. Nous devions traverser la rivière sur le pont de Pesmes : mais ce pont ayant été détruit par les Prussiens, on dut improviser des ponts à la hâte. Quoique nous ne soyons éloignés de la rivière que de 2 kilomètres nous n'y arrivons qu'à minuit. Où la cavalerie passe, on a jeté des échelles reliées ensemble sur la glace et l'on a mis quelques planches et de la paille dessus pour faciliter la marche des chevaux. 2 heures du matin, deux échelles se détachent, quelques cavaliers et leurs chevaux roulent sous la glace pour ne plus reparaître. On a bien vite rétabli ce pont : il est aussitôt improvisé un peu plus loin où la glace montre plus de résistance, le passage continue à s'effectuer pour la cavalerie qui, avec quelques bataillons d'infanterie est envoyée en avant pour protéger le passage de la rivière en cas d'attaque. Plus bas, on construit un pont de bateaux pour faire passer l'artillerie : c'est près de ce pont que l'infanterie passe et que nous allons passer à notre tour.

On nous fait mettre sur un rang et nous commençons à passer ; la glace craque sous nos pas, quelques uns hésitent à s'aventurer sur cet élément fragile qui peut à chaque instant s'ouvrir en un gouffre béant, sous les pieds de ceux qui y sont engagés, les engloutir et ne plus se rouvrir : mais ceux qui hésitent sont bientôt remis de leur frayeur en voyant notre lieutenant colonel, M. Couston, qui est lui-même sur la glace depuis le commencement du passage, et exhorte les plus peureux par des paroles rassurantes, et par son exemple, qui est toujours le même au milieu du péril ; il pense plus à ses soldats qu'à lui-même : il est aux places les plus périlleuses, nous indiquant ce que nous avons à faire, nous avertissant quand le péril est trop grand : insouciant de sa propre vie, il se montre soucieux de celles de ses enfants. Aujourd'hui, ils ont un obstacle à franchir, il reste sur la glace, au risque de se voir engloutir sous ce terrible élément, jusqu'à ce que le dernier homme du régiment soit passé. Sur le champ de bataille, il montre la même abnégation pour sa vie, c'est ainsi que le 30 novembre 1870, durant le combat de Maizières, il alla reconnaître à cheval et à 150 mètres en avant de notre ligne, au milieu des balles et des obus français et prussiens, une position propice à une embuscade car la place n'était plus tenable, huit pièces ennemies étaient dirigées sur nous, les obus sillonnaient l'espace et se succédaient avec une incroyable rapidité. Leur sifflement, ainsi que celui des balles commençaient à intimider les moins déterminés, lorsqu'il dit d'avancer encore, que nous trouverons un abri : en effet, deux minutes plus tard nous pouvions tirailler sur les canonniers de la batterie ennemie, sans que leurs projectiles puissent nous faire aucun mal, et pendant que celui qui nous avait conduit dans cette embuscade, se portait sur un autre point où sa présence pouvait être nécessaire, nos cœurs l'accompagnaient dans la terrible mission qu'il s'imposait.

Cependant, ce chef qui nous montre un si grand exemple de courage durant les combats, et qui prend autant soin de nous que si nous étions ses enfants, la Commission de révision des grades le remettra chef de bataillon au 45e de Ligne : *Voir l'annuaire militaire de 1872* (M. Couston, Hubert).

A mesure que nous arrivons du côté opposé de la rivière, on nous fait placer en colonnes serrées. Il fait un froid glacial, cette nuit restera gravée dans la mémoire de ceux qui assistent à ce passage, car plutôt la mort sur un champ de bataille que de mourir par le froid. Si l'on nous fait rester plus longtemps, demain on aura à constater la mort de beaucoup d'entre nous. Déjà le froid nous empêche de respirer, des cris de détresse s'élèvent de toutes parts : quelques-uns tombent en se tordant dans les dernières convulsions de l'agonie, et semblent vouloir se creuser une tombe dans la glace avec leurs ongles. 4 heures, le passage du régiment est effectué : on se met en marche. Nos chefs nous empêchent de marcher vite dans la crainte de nous faire entendre par l'ennemi : mais que nous importe l'ennemi : Comme nous venons de le dire, nous préférons mourir sous les balles, que de nous laisser geler sur le bord de la route. Nous prenons le pas de gymnastique pour nous réchauffer ; après cette marche effrénée nous arrivons à Chevigney pour y cantonner. Les habitants ne veulent pas nous ouvrir leurs portes, ne sachant pas, disent-ils, s'ils ont affaire aux Prussiens ou aux Français ; c'est ce qui nous paraît inadmissible car si nous étions des Prussiens, les portes seraient déjà ouvertes. Cependant, après avoir fait beaucoup de bruit, et manqué de casser plusieurs portes de granges, on nous laisse cantonner dans les maisons. Si nous nous étions arrêtés en route, nous aurions entendu le roulement des voitures de bagages de l'armée prussienne qui se dirigent sur Gray.

Le 3, 10 heures du matin, on nous fait prendre un chemin de traverse pour nous diriger sur Valay. Nos chefs nous laissent à comprendre en route qu'un combat doit s'engager à Gray pour y déloger les Prussiens.

En effet, les quatre corps de l'armée de l'Est doivent se concentrer sur Gray comme il suit. Le 24e Corps doit y arriver par la route de Champlitte. Le 20e par les routes d'Autrey et d'Auxonne. Le 18e par les routes de Pesmes et Marnay : le 15e par la route de Gy.

Onze heures et demie, nous traversons Valay au bruit de l'acclamation des habitants qui veulent nous donner toutes sortes de provisions de bouche : mais nos officiers s'en étant aperçu, nous font prendre le pas de gymnastique pour que les habitants n'aient pas le temps de nous donner ce qu'ils ont apporté. On nous fait faire une grand'-halte, à 500 mètres de ce dernier village ; on nous fait placer sur un plateau couvert de neige, où nous ne pouvons faire de feu faute de bois. Il nous faut rester ainsi pendant que nos officiers font bonne chère à Valay, car toutes les issues du village sont gardées par des hommes de garde. A 2 heures de l'après-midi nous nous remettons en marche, nous arrivons près de Venère. Nous traversons la route nationale à l'entrée du village pour prendre le chemin vicinal de Cugney, et nous arrivons à 5 heures du soir à Villefrancon. Nous y apprenons que les Prussiens ont évacué Gray. (Notre quartier général est établi à Velloreille.)

Le 4, 7 heures du matin, départ : en route, nous croyons probable que l'on attaquera, mais il n'en est rien. A 500 mètres de Gy on fait déployer le 6ᵉ bataillon de Chasseurs en tirailleurs dans les vignes, sur la direction de Vellefrey : une batterie est stationnée dans les champs, à 50 mètres sur la gauche de la route et à 200 mètres de Bucey-les-Gy, et les portes des maisons de ce dernier village portent encore les traces à la craie blanche du chiffre désignant le nombre des Prussiens que chaque maison avait à loger. A 4 heures, on nous fait quitter la route nationale pour nous diriger sur Frasne-le-Château, et nous arrivons à 5 heures du soir à Vaux-le-Montcelot. On nous fait bivouaquer dans un petit bois : mais, à 5 heures et demie, on nous fait cantonner dans le village. Les habitants nous disent que les Prussiens leur avaient demandé dans la matinée, une contribution de guerre de 28.000 francs, et que le délai fixé par les Prussiens pour donner l'argent, devait expirer à 7 heures du soir, lorsque soudain, à 3 heures et demie, nos avant-postes ont surpris l'ennemi qui a été obligé de fuir sans rien emporter.

Le 5, 6 heures le matin : départ, nous arrivons à Mailley à 4 heures du soir. L'artillerie se met en batterie au sortir du village, le 1ᵉʳ bataillon du 42ᵉ de Marche est envoyé en reconnaissance à Velleguindry, et se déploie en tirailleurs. Le capitaine Roques tue d'un coup de revolver un homme de sa compagnie, qui vient de s'affaisser sur le bord de la route. Ce capitaine vient de commettre cet acte de brutalité et d'assassinat sous le prétexte que cet homme a feint de s'affaisser pour ne pas marcher au feu. Comment pourrait-on admettre qu'un homme qui a déjà assisté pendant cette campagne à plusieurs combats ou batailles, refuserait aujourd'hui de marcher à l'ennemi, s'il n'avait pas été exténué par la fatigue, le froid et la faim, ou si une indisposition quelconque ne l'en avait empêché. C'est une loi arbitraire, nous le répétons encore, que d'avoir donné à des hommes le pouvoir de tuer ceux qu'ils ont sous leur commandement, sous un prétexte futile. Comment un homme peut-il s'arroger le droit de tuer son semblable ? Quoique chacun de nous estime le capitaine Roques, pour son courage habituel en face de l'ennemi, nous ne pouvons maîtriser un mouvement d'indignation en voyant cet acte barbare commis sur un de nos camarades.

Cinq heures, l'artillerie du 15e Corps commence le feu ; 6 heures : le 1e bataillon du 42e de Marche est surpris à Velleguindry par une colonne prussienne ; le village est abandonné et repris presque aussitôt. Quelques escarmouches s'échangent pendant la nuit.

Le 6, 7 heures du matin : les hommes du 1er bataillon reviennent en désordre ; 8 heures du matin, les 2e et 3e bataillons, sont déployés en tirailleurs sur les montagnes pour faire une reconnaissance et attaquer l'ennemi s'il est encore dans le village. La marche est rendue difficile par la grande quantité de neige qui est tombée sur les montagnes. Le vent a chassé la neige et en a rempli les accidents de terrain ; quelquefois, nous enfonçons dans des trous desquels, sans le secours de nos camarades, nous ne pourrions nous retirer. A 9 heures : une petite escarmouche s'échange avec des arrières-gardes prussiennes. Les quelques villages qui se trouvent devant nous sont évacués par l'ennemi. Seul le 15e Corps marche en avant, en se portant sur notre droite. 11 heures, la 2e compagnie du 2e bataillon du 42e de Marche est de grand'-garde sur les montagnes et le reste du régiment descend à Mailley. Quelques hommes de notre compagnie sont envoyés à Velleguindry pour aider les habitants du village à porter les blessés dans les ambulances et à enterrer les morts. A 6 heures du soir, on nous fait descendre pour rejoindre le 18e Corps qui est rangé en bataille sur la route de Mailley à Vesoul. Aussitôt arrivée la colonne se met en marche ; on nous fait prendre un chemin de traverse qui est rendu impraticable par la grande quantité de neige qui est tombée. A 3 heures du matin, nous traversons Pennesières et, enfin, la route de Vesoul à Besançon, près de la ferme de Revrotte : des grand'-gardes du 15e Corps sont bivouaqués sur cette route, près de la 55e borne kilométrique.

Le 7, 4 heures du matin : nous arrivons à Authoison, pour y cantonner. La misère règne en souveraine dans ce village : les maisons montrent par leur abandon le récent passage des Prussiens: beaucoup d'elles sont abandonnées de leurs propriétaires qui se sont sauvés à l'approche de l'ennemi. Nous ne pouvons rien trouver à acheter, soit mauvaise volonté de la part des habitants, soit que les vivres manquent réellement.

Le 8, 11 heures du matin, départ : en traversant le village de Fontenoy, on voit des soldats ramasser des morceaux de biscuits qui ont séjournés dans l'eau sale et boueuse des fumiers, et les manger avec avidité. Quatre heures, nous arrivons près de Thieffrans, mais on nous dit qu'il n'y a point de place pour nous cantonner le village étant déjà occupé par d'autres régiments : on nous fait bivouaquer dans la forêt près d'une ferme appelée la Suisse.

VILLERSEXEL

Le 9, 8 heures du matin, départ : nous arrivons sur la route nationale à 500 mètres de ce dernier village ; on nous fait une distribution de biscuits. Neuf heures, départ. A 11 heures nous passons à Chassey-les-Montbozon. Il y a à peine deux heures que les Prussiens ont abandonné le village. Midi, nous arrivons à Esprels : les derniers uhlans quittent le village en même temps que nous y entrons. Un paysan nous montre le cadavre d'un de ces uhlans qu'il a tué avec une fourche en fer au moment où ce soldat se préparait à monter à cheval pour partir. Au sortir du village d'Esprels on nous fait déployer en tirailleurs : l'artillerie du 18e Corps forme l'aile gauche de la ligne de bataille, et elle se met en batterie sur un plateau qui domine Marast, Villers-la-Ville et Villersexel : l'artillerie des autres corps prend position sur la lisière des bois qui se trouvent sur la ligne. Il faudrait ici une plume plus exercée que la nôtre pour décrire cet imposant tableau, car c'est quelque chose de sublime que de voir ces deux ennemis préparer leurs engins de destructions à la vue l'un de l'autre, avec un sang-froid stoïque, avec la même confiance dans leurs armes ; l'habileté des généraux et le courage des soldats vont décider du sort du combat. Le canon tonne déjà sur toute la ligne, et les projectiles jettent la mort et la dévastation de part et d'autre ; le choc des deux armées est terrible, la fumée du canon empêche de voir les villages qui sont devant nous. 2 heures de l'après-midi, le 1er bataillon du 42e de Marche se rend maître de Marast, et au moment où les Prussiens qui l'abandonnent sont entre le village et la forêt qui se trouve sur la route de Marast à Villersexel, l'artillerie du 18e corps fait une décharge sur cette colonne qui jonche aussitôt le sol de cadavres. Les quelques Prussiens qui ne sont pas atteints par les projectiles, se sauvent en désordre dans la forêt où ils sont presque tous tués par nos tirailleurs. Le feu se continue avec la même impétuosité jusqu'à 4 heures et demie du soir.

Ensuite, on n'entend plus que quelques coups de feu de nos tirailleurs. Cinq heures, nous voyons une colonne se dessiner sur la neige et qui se dirige sur Marast. En moins de dix minutes, une batterie prussienne est établie à l'entrée du village, et ouvre aussitôt un feu des mieux nourris sur notre artillerie, pendant que l'infanterie attaque le 1er bataillon du 42e de Marche qui est dans le village.

Quelques enfants et des femmes, que la soudaine apparition de l'ennemi a trouvés dans les rues, sont tués ou blessés par les projectiles. Aussitôt un combat à la baïonnette s'engage, et le silence de la nuit est troublé par les cris qui s'échappent de la poitrine des combattants. Quatre cents hommes de ce bataillon sont faits prisonniers : mais notre artillerie vient de démonter presque entièrement la batterie ennemie. Alors quelques officiers rassemblent les hommes du 1er bataillon qui ont pu s'échapper des mains de l'ennemi battant en retraite dans la forêt de Borrey. Le général Billot, comme punition à infliger aux hommes de ce bataillon qui, à Velleguindry, près Mailley, se sont déjà laissé surprendre, ne veut pas que d'autres troupes reprennent le village : il ordonne de le faire reprendre par les fuyards aussitôt qu'ils seront réunis. Six heures, ces hommes rassemblés à la hâte se déploient en tirailleurs marchant sur Marast et s'en emparent : l'ennemi ne fait presque pas de résistance. Sept heures soir, on entend dans le camp prussien le son des trompes, des coups de sifflets, enfin toutes sortes de signaux pour se rallier. La panique doit y être complète car nos prisonniers peuvent s'échapper, et on entend au loin, le roulement des voitures de l'armée prussienne, et par intervalles, le pétillement de la fusillade et le grondement sourd du canon se fait entendre dans la direction de Belfort.

Le 10, 6 heures du matin, notre ligne de tirailleurs commence le feu, l'artillerie ne se fait presque pas entendre. Onze heures soir, il fait un clair de lune magnifique, mais en revanche, un froid glacial se fait sentir.

On nous fait rétrograder, sous le prétexte que l'on va nous faire cantonner à Esprels : mais il n'en est rien. Nous traversons le village, point de halte, on nous fait passer sur la gauche pour traverser l'Ognon. Croyant à une véritable retraite, nous accueillons ce mouvement avec indignation ; chacun croit à la trahison.

Arrivés à Pont-sur-l'Ognon, on nous fait marcher dans la direction de Villersexel.

La marche est pénible, nous sommes exténués de faim et de fatigues. La route étant couverte d'une couche assez forte de verglas la marche est très lente ; pour une cause que nous ne comprenons pas, rien ne se présente à nos yeux que la neige et le ciel, des cadavres et des débris de nos engins de guerre ; tout cela forme un tableau que nous voyons tous les jours. Il y en a beaucoup qui dorment en marchant mais leurs pieds mal assurés glissent sur le verglas perfide, et les dormeurs sont tout surpris, en se réveillant un peu brusquement, de se trouver par terre, ou du moins sur la glace.

Le 11, 3 heures du matin : on nous fait arrêter près des fermes de .... : un froid terrible se fait sentir. Le vent nous chasse la neige à la figure, et l'indécision que l'on met à nous faire marcher nous décourage complètement. Voilà, à nos pensées, la cause qui fit de la rencontre de Villersexel un combat indécis, au lieu d'en avoir fait une bataille sanglante qui aurait jeté le découragement et la panique dans les rangs de l'armée prussienne et ramené le courage dans la nôtre. Que n'emploie-t-on pas, dans notre commandement, les terribles devises de Richelieu et de Danton, c'est-à-dire qu'après avoir tout pesé et jugé, il faudrait marcher droit au but, avec de l'audace, et non avec cette inertie.

Au lieu de cela nous ne voyons qu'hésitation dans nos

mouvements ; ainsi ce n'est qu'à 6 heures du matin que nous arrivons dans la forêt de Noire-Rouze, où l'on nous fait bivouaquer, le long de la route de Rougemont à Villersexel, et à trois kilomètres de ce chef-lieu de canton. Nous trouvons dans ces parages beaucoup de chevaux morts qui sont pour nous notre seule subsistance ; cependant à 11 heures on nous fait une distribution de biscuits.

Pendant les instants de loisir qu'on nous laisse, nous allons visiter la place de combat de l'armée prussienne. Dans beaucoup d'endroits, on voit que la terre a été remuée, et des branchages arrangés en formes de croix latines nous montrent que des Prussiens et des Français reposent sous ces petits monticules ; des affûts. des voitures brisées, des chevaux morts, des cadavres de Français et de Prussiens qui n'ont pas encore été enterrés, gisent çà et là sur la neige. A 5 heures, soir, départ pour Les-Magny où nous arrivons à huit heures pour cantonner. Les habitants nous accueillent très mal ; ils nous laissent cantonner, mais avec une mauvaise volonté très prononcée et accompagnée de mots peu dignes à notre adresse, et que nous ne voudrions pas reproduire ici.

Le 13, 8 heures du matin, départ : arrivée à 2 kilomètres des Magny, notre artillerie se met en batterie ; 10 heures, nous nous remettons en marche ; arrivés à Villers-la-Ville, on nous fait déployer en tirailleurs, et l'artillerie se met en batterie. A 1 heure et demie on se remet en marche. A 2 heures on nous fait ralentir le pas : enfin, à 5 heures du soir, nous arrivons près d'une forêt : l'artillerie se met encore en batterie à environ 200 mètres de Chavanne. On croit que les Prussiens sont dans ce village : on n'y envoie même pas une reconnaissance pour s'en assurer. A 6 heures, l'artillerie se rassemble, et on nous fait bivouaquer dans la forêt. Par ces faux mouvements d'attaque que l'on nous a fait exécuter pendant cette journée, il n'est pas difficile de juger l'impéritie qui va s'en suivre. Nous n'avons plus de vivres : l'artillerie n'a soi-disant plus de munitions : la neige serait le prétexte qui empêche les convois d'arriver. Cependant notre artillerie, quoique traînée par des chevaux qui ne ressemblent rien moins qu'à des squelettes animés, nous suit partout, malgré la neige.

Pourquoi un plus grand nombre de voitures et d'artillerie ne passeraient-ils pas où passe une voiture ou une batterie d'artillerie ? Pourquoi ne met-on pas des chevaux en réquisition quand il s'agit du salut d'une armée française ?

On ne peut donc pas donner la neige comme un grand empêchement à l'arrivée de nos convois, surtout dans notre propre pays , où nos chefs peuvent faire des réquisitions de chevaux, de voitures etc.

Nous sommes découragés en voyant ces fausses manœuvres qui retardent notre marche en avant, et qui permettent à l'ennemi de choisir des positions favorables pour se laisser attaquer. Pourquoi le soir du combat de Villersexel, n'a-t-on pas profité de l'avantage du combat ? Pourquoi ne nous a-t-on pas fait marcher en avant par une diversion décisive ? Et faire de ce combat une bataille mémorable, en ce qu'elle aurait démoralisé l'ennemi ?

Mais non, ce n'est que dans la nuit du 11 que l'on se décide à nous faire exécuter un mouvement rétrograde qui nous faisait déjà penser à la trahison. Aujourd'hui, depuis l'heure de notre départ. nous devrions avoir parcouru trente kilomètres ou avoir attaqué ; au lieu de cela nous avons parcouru dix kilomètres en 7 heures. Ajouter à cela la vue de cette armée dans une forêt pour passer la nuit sans vivres et bivouaquer. Tous ces hommes sont rassemblés par groupes de dix à douze formés en cercle autour d'un feu entouré d'un rempart de neige. Les arbres de la forêt, dépouillés de leurs feuilles et couverts de givre, cachent aux astres de la nuit l'aspect de ces scènes lugubres. Ces hommes n'ont pour toute distraction pour passer la nuit que de se raconter leurs misères : de temps en temps le cri du hibou ou le qui-vive des sentinelles les rappellent à la réalité. Demain, il n'y aura peut-être pas encore de vivres et il faudra marcher, peut-être se battre, et aller à la mort avec ce découragement débile d'un condamné qui se rend à l'échafaud.

Voilà cette armée sur laquelle la France a fondé quelques espérances.

Tous les faits de cette journée nous montrent l'impéritie des ordres. Est-ce inintelligence de la part des officiers de l'État-Major ?

On ne peut le croire, car, quoi qu'on en dise, l'armée française possède d'aussi bons officiers supérieurs et subalternes que l'armée prussienne (pour les soldats ce n'est pas à nous à les juger, c'est à nos ennemis) car les ordres donnés au commencement du combat de Villersexel furent trop bien donnés et exécutés pour en douter. Une partie de nos officiers serviraient-ils un parti hostile à la République ? C'est ce qui pourrait être malheureusement trop vrai, car en 1792, combien y a-t-il eu de ces lâches Français qui, après avoir émigré, se sont mis dans les rangs de l'armée coalisée pour piller leur Patrie et tuer les vrais Français sur les champs de bataille, dans la simple perspective de faire échouer la République au bénéfice de ces monstres que l'on nomme rois.

Un fait qui va se passer hors du bivouac et dont quelques-uns d'entre nous ont été témoins, va prouver ce que nous avançons sur les faits déplorables de ces journées de revers pour l'armée de l'Est, et sur l'ineptie volontaire du commandement. Aussitôt installés dans notre bivouac, c'est-à-dire aussitôt que nous avons déblayé la neige qui a une épaisseur dans ces endroits de cinquante à soixante centimètres, et que les feux sont allumés, quelques hommes (quatre) demandent au commandant de la 2ᵉ compagnie du 2ᵉ bataillon, qui est notre compagnie, la permission d'aller chercher des pommes de terre ou du pain dans le petit village de Saulnot qui se trouve, nous a-t-on dit, à 2 kilomètres au nord-ouest du bivouac. Nous nous mettons en marche, nous suivons dans la forêt un chemin tortueux, dont la neige empêche de voir aucune trace, et qui n'est marqué à l'œil que par les arbres qui ont été coupés. Enfin, après un quart d'heure de marche, nous sortons de la forêt : le jour jette ses derniers crépuscules, et les silhouettes des maisons de Saulnot se dessinent à nos regards, à la distance d'environ 500 mètres. Sur notre droite, aucun autre objet que l'horizon et le blanc linceul de neige qui se déroule au loin, n'arrête nos regards. Ce tableau nous rends muets ; chacun de nous est plongé dans la plus grande rêverie : on pense à ses parents, ses amis, son village natal que l'on a laissés là-bas pour venir défendre la Patrie envahie.

Soudain, une vive fusillade est dirigée sur nous ; ne voulant pas faire feu sans savoir à qui nous avons affaire, nous nous couchons dans la neige et nous parvenons, non sans peine, par des signaux avec nos képis que nous mettons au bout de nos fusils et que nous agitons en l'air à nous faire reconnaître de nos agresseurs qui ne sont autres que des gardes-mobiles du Gâtinais. Aucun de nous n'est blessé, nous n'avons qu'une giberne de cassée et quelques morceaux de nos vêtements enlevés par des balles peu clémentes. Nous éxpliquons à un capitaine de ces derniers la cause de notre présence ; celui-ci nous dit ensuite qu'il allait à Chavanne quand un aide-de-camp lui a déféré l'ordre d'aller prendre le village de Saulnot à la baïonnette s'il voulait y faire cantonner les hommes de sa compagnie.

Il nous demande ensuite des nouvelles de notre camp qui sont celles que nous venons de décrire plus haut, et qu'enfin le village de Chavanne qui se trouve devant notre bivouac, et sur la route nationale est occupée par l'ennemi, que l'on nous a fait bivouaquer dans la forêt sous ce prétexte et nous ne pouvons marcher en avant. Si ce n'était pas une feinte, on aurait bien envoyé une reconnaissance quelconque pour s'assurer de ce fait, et on ne se serait pas contenté de rassembler notre artillerie à cent cinquante mètres de ce village. Nous disons une feinte, parce que notre État-Major était ou devait être informé qu'il n'y avait point de Prussiens à Chavanne, attendu que deux heures avant que notre colonne arrive, le village était occupé par les mobiles du Gâtinais, et que c'est dans ce village même qu'un des aides-de camp par ordre supérieur, a intimé l'ordre aux chefs de ces derniers d'aller prendre Saulnot à la baïonnette et d'y faire cantonner leurs hommes pour la nuit.

Après ces pourparlers avec le capitaine des Mobiles, nous nous remettons en marche, et nous arrivons aux premières maisons du village.

Cinq heures et demie, soir, aucun bruit faisant craindre la présence de l'ennemi ne se fait entendre, craignant que ce silence nous soit funeste, nous nous glissons par mesure de prudence le long des maisons pour ne pas être aperçus des Prussiens, dans le cas ou il y en aurait encore. Notre précaution reste vaine ; un paysan se montre, nous aborde et nous dit que les Prussiens sont partis depuis hier dans la soirée, et qu'il s'étonne de ne pas avoir vu paraître les Français plus tôt. Après avoir acheté des pommes de terre et un peu de pain, nous retournons au camp. Les Mobiles, nous voyant revenir du village, en concluent que les Prussiens que l'aide-de-camp leur a signalés, ne sont que des ennemis imaginaires ; ils se mettent aussitôt en marche pour aller cantonner, sans avoir la peine de mettre baïonnette au canon, attendu que Saulnot n'est occupé que par de bons et braves Français et qu'ils peuvent y cantonner en sûreté.

Nous reprenons notre chemin tortueux de la forêt, et nous parvenons, non sans peine, à rejoindre nos camarades, car il faut à chaque instant répondre aux qui-vive ? des sentinelles que l'on a placées pendant notre absence ne sachant pas le mot d'ordre, à chacune d'elle il nous faut faire des explications sans fin.

A notre arrivée au camp on parle des incidents de la journée et des journées précédentes, le mot de trahison circule à l'insu de nos chefs ; quand à notre tour nous avons fini de raconter les incidents de notre excursion, le doute n'est plus permis, tous les corps de troupe de l'Armée de l'Est ont été pendant ces journées l'objet des mêmes mystifications. Le découragement est à son comble : chacun sent qu'il n'est pour l'armée de l'Est qu'une question de temps pour être faite prisonnière, ou enfin mise hors d'état de porter atteinte à l'ennemi : chacun présage, à sa manière, le sort qui nous est réservé. Nous fera-t-on capituler comme à Sedan ? ou nous fera-t-on égorger par des forces plus grandes ?

HÉRICOURT

Le 14, 7 heures du matin : on nous fait quitter nos feux de bivouac, pour nous porter près de l'artillerie.

Arrivés à notre nouveau poste, on nous dit qu'il faut que nous attendions des ordres pour partir. Pendant ce moment d'inaction, quelques-uns des nôtres veulent aller à Chavanne, dans l'espoir d'y trouver des vivres à acheter.

Un officier d'Etat-Major s'avance près d'eux et leur dit de faire demi-tour, parce que le village est occupé par les Prussiens. Un de ces soldats prend la parole et répond à cet officier ce qui suit, en montrant une ferme où est établi le quartier général français : « Il n'y a que des Français à Chavanne ; les Prussiens sont sur notre droite ! » L'officier ne fait pas attention que c'est le quartier général français qui est établi dans la ferme qui se trouve sur notre droite. L'allusion ne fut pas comprise, heureusement pour le soldat, parce que, quoiqu'il n'y ait que des Français dans le village, l'allusion sur le quartier général n'aurait pas trouvé clémence, et, comme on le voit d'ici, le pauvre soldat aurait été victime de ses paroles imprudentes en pareil moment.

Neuf heures du matin, départ. En arrivant près de Couthenans, un aide-de-camp donne un pli à notre lieutenant-colonel, et aussitôt on fait déployer le 2e bataillon en tirailleurs dans la forêt, en nous faisant diriger sur Courmont. Notre marche est difficile à travers la forêt, car la neige et les branches des arbres obstruent le passage, et il nous faut souvent recourir à la hache pour abattre les branches entrelacées qui nous enferment dans ces labyrinthes naturels.

Ce n'est qu'à 2 heures et demie du soir que nous parvenons à sortir de cette forêt, sans y avoir rencontré d'autres indices de la présence de l'ennemi que le cadavre d'un cheval qui a été percé d'une balle.

Quatre heures, nous rejoignons la colonne qui est près de Courmont. (On n'avait nul besoin de faire exténuer de fatigue et de froid tous les hommes d'un bataillon d'Infanterie pour explorer cette forêt, attendu que quelques cavaliers pouvaient faire le tour de notre ligne d'exploration en moins d'une heure, et comme il n'est pas tombé de neige depuis huit jours, il leur aurait été facile de voir si la neige avait été foulée, et par cet indice, voir si la forêt était occupée par l'ennemi.

Pendant la halte, quelques uns des nôtres se répandent dans des fermes voisines pour y chercher des vivres. Dans une de ces fermes les habitants ont l'obligeance de faire une fournée de pain exprès pour nous : mais la question est de savoir si le pain aura le temps de cuire avant le départ de la colonne. Ce que l'on craint arrive, la marche du régiment sonne ; alors chacun se met en devoir de retirer le pain du four, sans crainte de se brûler : car on sait que les derniers pourraient bien s'en passer. On donne de l'argent pour payer quatre fois la valeur du pain qu'on emporte.

Six heures : la colonne se met en marche pour aller cantonner à Courmont. Quoiqu'en suivant la route nous n'en soyons éloignés que d'un kilomètre ; on nous fait passer sur un chemin ou plutôt un sentier à peine frayé sur la neige, et que la nuit va nous cacher complètement. Après une heure de marche nous arrivons sur un plateau où le terrain fait une sinuosité creuse d'environ 1^{m}50 et sur la longueur d'environ 200 mètres. Le vent violent qui souffle habituellement sur ces montagnes a amoncelé la neige dans ces endroits, et c'est avec peine que nous passons cet obstacle. Il fait un froid digne de celui du Spitzberg ; le vent d'est souffle avec violence, et on nous fait marcher à la vitesse de cent mètres à l'heure. Sur notre droite, on ne voit que le ciel et la neige qui s'étend au loin comme un océan. Sur la gauche est la forêt de Courmont.

Dix heures, soir, nous prenons un petit sentier dans la forêt, sur lequel nous ne pouvons passer qu'un à un. En descendant la montagne, nous glissons quelquefois sur la longueur de 15 à 20 mètres, en s'entraînant par groupes ; lorsqu'un obstacle empêche l'un de ces groupes d'aller plus loin, on voit une masse informe se mouvoir ; on y distingue sur la neige des hommes, leurs armes et leurs sacs pêle-mêle, puis tous ces hommes se relèvent ensemble et continuent leur marche pour descendre par mille labyrinthes dangereux au village de Courmont dont les lumières se sont éteintes une à une. Les habitants sont plongés dans le sommeil : ils ne songent certes pas que trente mille Français sont dans leurs montagnes, engagés dans un sentier, luttant contre le froid et la neige, que cette dernière forme un appui trompeur à leurs pas mal assurés, et les fait rouler pêle-mêle par groupes, suivant les caprices de ce terrain en cascades. Seul le bruit du canon se fait entendre et trouble le silence de la nuit.

Quatre heures du matin, le passage est effectué. A 4 heures et demie nous arrivons à Courmont. On nous laisse libres de chercher nous-mêmes nos cantonnements ; ceux qui n'ont pas la chance de trouver de la place dans les maisons, bivouaquent dans les rues du village. Onze de nos camarades sont restés dans la neige ; le froid et la faim en ont fait onze cadavres. A un petit employé qui ne peut faire que des erreurs de chiffres l'on demande un cautionnement en argent, que peut-on demander à un général en chef, ayant le commandement de 120.000 hommes, nous ne voyons qu'une caution assez forte, sa tête ; en effet, si cette caution avait été exigée de notre général en chef, nous serions arrivés à Courmont après 1/4 d'heure de marche au lieu d'avoir foulé la neige durant toute la nuit, et onze de nos camarades seraient encore avec nous.

Le 15, 10 heures du matin, nous quittons Courmont, nous marchons dans la forêt jusqu'à midi, et l'on nous fait faire une grand'-halte jusqu'à 2 heures du soir. Ensuite, nous nous remettons en marche dans la direction de Montbéliard ; 3 heures, nous sommes sur la croisière de deux routes, en vue de Couthenans et d'Héricourt.

Les Prussiens ont bien employé le temps que nous leur avons laissé par les fausses manœuvres, que nous faisons depuis le combat de Villersexel ; ils ont établi des batteries sur la montagne de Montvaudoy qui domine toutes nos positions ; cette montagne est couronnée d'une épaisse forêt qui s'étend à quelques kilomètres dans la direction de Belfort. Depuis le matin, le canon n'a pas cessé de se faire entendre dans la direction de cette dernière ville.

Le 44e de Marche d'infanterie qui forme l'avant-garde se déploie en tirailleurs, et commence le feu contre les avant-postes prussiens : ces derniers se replient aussitôt sur le gros de leur armée.

L'artillerie du 18e Corps se met en batterie sur la croisière des routes en vue de Couthenans et à 800 mètres des batteries ennemies ; il y a tant de neige que l'infanterie est obligée d'aider les artilleurs à traîner à bras les pièces pour les placer dans l'endroit qui leur est destiné. La première pièce qui vient d'être posée est déjà renversée par les projectiles ennemis. 3 heures, notre artillerie commence le feu qui est aussitôt dirigé des deux côtés avec acharnement ; le mont Vaudoy semble s'allumer comme un volcan au signal de nos premiers projectiles, et semble défier notre petit nombre de canons et vouloir leur imposer silence. La mitraille se croise dans les airs, siffle, ricoche et jette la terreur et la mort dans les rangs. A 4 heures et demie, notre artillerie cesse le feu faute de canons, et des hommes qui composaient cette batterie à son début, il n'en reste que quelques-uns ; tout le reste gît là, pêle mêle, hommes, chevaux, canons, affûts, tout a roulé dans la neige qui est teinte de sang et qui offre à la vue un horrible tableau.

Cinq heures, le général Crémer fait placer une batterie de pièces de montagne sur l'emplacement qu'occupait la batterie qui vient d'être détruite. Aussitôt le feu recommence, le 2e bataillon du 42e de Marche est de garde à l'artillerie ; le général Crémer voyant que nous sommes trop serrés et que les projectiles nous font perdre beaucoup de monde, dit à notre lieutenant-colonel de nous faire marcher en avant : mais il y a à craindre l'hésitation de notre part car devant nous les obus tombent en faisant d'affreux ravages. Enfin le général et notre lieutenant-colonel nous encouragent par leur attitude sous les projectiles et nous exhortent de leurs paroles.

Notre ligne se met aussitôt en marche : nous sommes bientôt à découvert sur le plateau, en vue des batteries ennemies, nous avançons à 300 mètres environ de notre artillerie, sous un ouragan de fer, aux cris de « en Avant ! vive la France ! vive la République ! » notre chef de bataillon vient d'avoir la jambe fracassée par un éclat d'obus.

Le jour est sur son déclin et jette ses derniers crépuscules : les Prussiens allument de grands feux dans les rues de Couthenans. A 5 heures et demie, le 44e régiment d'Infanterie de Marche entre dans ce dernier village et s'en rend maître ; aussitôt une batterie du 15e Corps d'armée est établie à l'entrée du village, pendant que d'autres prennent position sur la droite. 6 heures, le feu cesse, les trois premières compagnies du 2e bataillon restent de grand'-garde ; on nous fait déployer en tirailleurs ; quelques petites escarmouches s'échangent pendant la nuit avec des reconnaissances prussiennes qui viennent jusque près de notre batterie établie près de Couthenans.

Le 16, à l'aube du jour, les avant-postes commencent le feu ; ensuite l'artillerie seule se fait entendre. La garnison de Belfort entretient durant toute la journée un feu d'artillerie parce que, nous dit-on, elle aurait appris que l'on fait circuler dans nos rangs le grotesque mensonge que cette ville a capitulé, pour jeter le découragement parmi les soldats de l'armée de l'Est (1). Les vivres nous manquent totalement, les chevaux qui ont été tués hier sont déjà presque tous mangés et pour aller encore en chercher quelques lambeaux, il faut se traîner dans la neige pour ne pas se faire voir de l'ennemi, car aussitôt qu'un homme se montre dans cet endroit, l'artillerie ennemie lance des bombes et des obus qui font un bruit effroyable dans la forêt en élaguant des chênes d'une grosseur énorme, et à chaque instant celui qui se fait voir, paie son imprudence de sa vie.

Onze heures du matin, on distribue pour notre compagnie environ deux cent vingt-cinq grammes de farine par homme. Pendant l'après-midi, nous faisons cuire notre farine : nous croyons devoir donner notre méthode aux ménagères qui voudraient l'employer (elles ne pourront l'em-

---

(1) *Journal des causes célèbres. — Procès du Maréchal Bazaine* (p. 508, colonne 2).... Le Général Bourbaki. — « Je partis pour Tours. J'indi-
« quai aux membres du Gouvernement l'état de Metz. Je leur dis com-
« bien je croyais inutiles leurs efforts ; qu'on n'improvisait pas aujourd'hui
« des armées comme celle-là, qu'ils augmenteraient les malheurs de la
« France en se faisant battre presque honteusement ; que l'armée de
« Metz tenait encore, et que l'intérêt de la France commandait de faire
« la paix ». « Je ne puis les convaincre ».

Voilà le raisonnement de celui à qui l'on confia le commandement, d'une armée de 120.000 hommes.

ployer qu'en hiver seulement, à cause de la grande diffi-
culté de se procurer de la neige en été). Premièrement
nous faisons fondre de la neige qui est par endroits ma-
culée du sang des cadavres de nos camarades, mais étant
la recette la plus infaillible pour avoir de l'eau, nous mettons le sang de nos camarades à l'oubli en disant que le
feu purifie tout : deuxièmement, nous délayons la farine
dans l'eau et nous laissons cuire le tout ; mais sans sel,
car cette dernière substance est de contrebande en ces
lieux de dévastation ; troisièmement, quand cela nous
paraît assez cuit, nous retirons la marmite du feu et
nous décernons au contenu le nom pompeux de bouillie
qui ressemble parfaitement à ce dont se servent les col-
leurs d'affiches, la faim nous la fait trouver néanmoins
excellente. Inutile de prévenir Mesdames les ménagères
que nous ne répondons pas de la qualité de notre mets.
A 10 heures soir, trois cents hommes du régiment sont
commandés pour enterrer les morts. Pendant la nuit,
les travailleurs entendent siffler les balles à leurs oreilles
sans qu'ils entendent de détonation. (Sans doute que
Messieurs les Prussiens se servent encore de quelques
moyens légaux, permis par les lois de guerre).

Onze heures soir, un cri de joie retentit de toutes
parts au camp ; ce sont quelques voitures chargées de
pain qui viennent d'arriver. Le tumulte est si grand que
la distribution se fait avec peine ; on est obligé de faire
garder les voitures par des hommes armés. Les premiers
d'entre nous qui ont du pain sont l'objet de la plus grande convoitise ; on leur offre cinquante centimes, quelquefois plus, suivant les bourses, pour avoir une bou-
chée, seulement pour y goûter, d'un pain gelé comme
glace. Chers lecteurs, vous qui quelquefois jetez ou voyez
jeter du pain par amusement, représentez-vous notre

situation et vous verrez comme il est insensé de jeter la principale nourriture que Dieu nous a donnée.

Le 17, notre artillerie, bien protégée par les redoutes que l'on à construites la nuit, attaque l'ennemi avec tant de vigueur que l'artillerie prussienne ne répond que par intervalles assez longs, quelques pièces lui sont démontées, et nos mitrailleuses achèvent de mettre le désordre et la mort dans ses rangs.

L'artillerie continue le feu pendant toute la journée. A 10 heures du matin, une pluie froide commence à tomber et continue jusqu'à 4 heures du soir sans faire fondre la neige ni arrêter le combat d'artillerie. A 4 heures 1/2, le 2e bataillon du 42e de marche est commandé de grand'-garde : on nous fait placer en tirailleurs sur la lisière de la forêt à 100 mètres d'une batterie ennemie. A 6 heures, soir, on met moitié de chaque compagnie dans la forêt et les autres 1/2 compagnies restent en tirailleurs. Nous restons sac au dos, et il nous est défendu de faire du bruit. Le capitaine adjudant-major, M. Coniard, nous dit qu'il faut faire bonne garde parce que l'on croit très probable que nous serons attaqués pendant la nuit, par des forces considérables.

Dix heures, soir, des colonnes prussiennes, venant de Beverne passent devant nous pour aller relever celles qui sont dans la forêt. Quoiqu'elles ne passent qu'à environ 150 mètres de nous, on nous · empêche de faire feu, sous prétexte que nos balles n'iraient pas jusqu'à elles. Cependant il est reconnu qu'une balle de chassepot ne devient balle perdue que de 1.800 à 2.000 mètres.

Vers dix heures et demie, ne pouvant maîtriser notre élan irrésistible, le feu commence, malgré la défense opiniâtre de nos chefs et ne cesse qu'à 11 heures et demie. Minuit, les sections de nos compagnies qui sont dans la forêt viennent nous relever et le reste de la nuit se passe sans autre incident.

Le 18, 7 heures du matin : on nous fait rétrograder pendant que le 1er bataillon de notre régiment prend notre position. Chacun croit que nous allons attaquer et essayer de prendre les positions de l'ennemi par un assaut : ce qui confirme notre supposition, c'est que notre lieutenant-colonel, M. Couston, nous dit que durant cette journée, celui d'entre nous qui battra en retraite ou mettra de la mauvaise volonté à marcher à l'ennemi, ses camarades auront le droit de le tuer. Nous sommes heureux de penser que nous serons peut-être vainqueurs et que nous pourrons sortir de ces endroits où depuis trois jours nous livrons des combats sans aucun résultat : Chacun se promet de faire payer cher à l'ennemi d'être resté si long-temps en répit.

Huit heures, le feu commence, l'artillerie ennemie se fait entendre ; au bruit des projectiles sont mêlés les cris de « en avant » ! qui sortent de toutes nos poitrines. Mais, hélas ! cet enthousiasme à marcher au feu se change bien vite en dépit : nous n'avons pas encore fait quarante pas en avant, à peine si la fusillade est engagée, il est 9 heures, on sonne en retraite.

Nos chefs sont déjà presque tous partis, que se passe-t-il ? Il ne reste avec nous que quelques officiers subalternes : nous ne savons où nous diriger ; quelques-uns de ces derniers essayent de nous rassembler dans la forêt. Un d'eux ne se contente pas de nous faire mettre sur deux rangs, il persiste à vouloir le : à droite alignement ! traditionnel, sous une grêle d'obus contre laquelle nous ne pouvons nous défendre. Voyant des branches d'arbres cassées par les projectiles, un des nôtres se met à dire que nous n'avons pas besoin d'être si bien alignés pour

mourir que l'on saura toujours bien retrouver nos cadavres, et qu'enfin on nous fasse marcher en avant ou en
retraite : mais que l'on ne nous laisse pas sans défense
sous les projectiles de l'ennemi.

La marche en avant étant impossible pour nous, vu
l'absence presque totale de troupes à droite ou à gauche
de notre bataillon : tout a déjà fui dans cette panique incroyable, on se décide à nous laisser suivre nos devanciers.

Arrivés sur une hauteur, nous pouvons découvrir
l'ennemi, et nous voyons avec rage qu'il ne tente pas même un mouvement en avant. Nous nous demandons ce
qui peut ainsi jeter la consternation dans nos rangs et
nous faire changer aussitôt d'attitude : avant l'attaque,
nous ressemblions à ces légions romaines qui marchaient
au combat en chantant ; 10 minutes ont suffi pour nous
faire changer en une troupe de femmes effrayées. Ce n'est
qu'à une heure de l'après-midi que nous parvenons à
nous rassembler sur un plateau, entre Champey et Coise-
veaux, d'où nous découvrons une seconde fois la position
que nous occupions ; et l'ennemi n'a pas encore changé la
sienne.

Deux heures, nous nous remettons en marche pour
aller prendre position près du 15e Corps d'armée au sud-
est de Couthenans. Pour y arriver, il nous faut passer sur
un plateau dépourvu d'arbres et en vue des batteries
ennemies qui nous lancent des projectiles jusqu'à 8 heures du soir : nous sommes sur le revers d'un plateau, en
face des batteries ennemies qui ne sont, en ligne directe,
éloignées de plus de 150 mètres ; nous sommes rangés en
colonnes serrées à l'entrée de la forêt et si près des batteries ennemies que si leurs artilleurs parlaient en français
nous pourrions les comprendre.

Chacun de nous s'irrite de ce que l'on nous laisse

dans une position si dangereuse, car, en effet, six obus bien dirigés pourraient anéantir notre régiment ; mais aussi, pourquoi les Prussiens qui nous voient devant la gueule de leurs canons, ne font-ils pas vomir la mitraille sur nous ? Un régiment entier leur paraît donc une trop faible proie ? Quelle est la cause qui fait taire leurs canons, tandis que les autres batteries qui sont sur notre droite font entendre leurs sons lugubres ? Voilà la demande de tous !

Sept heures et demie on nous fait bivouaquer dans la forêt ; là seulement quelques obus, font quelques perturbations au bivouac, puis ces batteries rentrent dans le silence. Les Mobiles du Cher et le 9e bataillon de Chasseurs à pied sont aux prises avec l'ennemi, et continuent un combat acharné avec l'infanterie prussienne, près de Couthenans, la plupart des nôtres ont été dans l'impossibilité de mettre la baïonnette au fusil, par suite de l'eau qui est tombée dans les rainures des poignées des sabres ; le froid a changé cette eau en glace : voilà, par ce petit incident d'imprévoyance, nos malheureux Gardes-mobiles réduits pour la plupart à se défendre avec la crosse de leurs fusils. Cinq cents furent faits prisonniers ; dans ce nombre est compris presque tout le 9e bataillon de Chasseurs ; 10 heures, le combat cesse, et l'on voit revenir beaucoup de ces malheureux tout couverts d'affreuses blessures. Le silence de la nuit est troublé par leurs cris de souffrance que l'écho de la forêt répète au loin.

Le 19, 9 heures du matin : le canon gronde au loin : nous sommes sur quatre rangs prêts à partir. Après quelques hésitations de la part de notre lieutenant-colonel, un civil s'en approche et lui dit quelques mots que nous ne pouvons comprendre, nous nous mettons aussitôt en marche. L'armée de l'Est tourne pour la première fois le dos à l'ennemi et doit ainsi le tourner jusqu'au jour du désastre. Elle échoue avec un des plus beaux plans qui aient été conçus par un stratégiste, faute d'assez de chefs imbus du principe du droit des peuples, et d'amour de la Patrie.

(Il nous a été dit quelques temps après, que les Prussiens avaient battu en retraite pendant la nuit du 18 au 19, en abandonnant leurs batteries qui étaient trop près de nos lignes, à la garde de quelques hommes seulement, pour ne pas donner le signal de leur départ en emmenant leur artillerie, et que ce ne serait qu'après que leurs éclaireurs nous auraient vu partir qu'ils nous auraient poursuivis).

Nous passons près d'une ambulance qui est établie à l'entrée de Coisevaux, des infirmiers sont en train d'enterrer les morts, ou plutôt jettent des cadavres, affreusement mutilés, dans une grande tranchée qui est près de l'ambulance. Ici c'est un infirmier qui traine un cadavre en le tirant par les jambes ; là ce sont des chirugiens qui font des amputations. La cour de la maison est couverte de sang, comme celle d'un abattoir. On ne peut passer sans détourner les yeux de cet affreux tableau, et sans maudire les horreurs de la guerre, ainsi que les tyrans qui font, pour leurs simples caprices, égorger des armées et dévaster les provinces pour gagner de vains lauriers s'ils sont vainqueurs ; la ruine et la honte de leur nation, s'ils sont vaincus.

Dix heures, nous arrivons à Malvat : on nous y fait faire une grande halte ; le canon continue à tonner dans la direction de Montbéliard.

Le 20 janvier, 2 heures du matin : après une marche pénible de 16 heures, on nous fait cantonner à Villersexel. A 7 heures du matin, on fait une distribution de pain ; ceux qui n'ont pu suivre la colonne n'en ont pas, les officiers de notre compagnie font porter pour eux par des soldats, le pain des hommes absents. A 8 heures, départ ; 8 heures 1/2 le canon se fait entendre maintenant sur notre gauche, c'est-à-dire dans la direction de Montbéliard.

Le régiment est désigné pour l'arrière-garde, avec une batterie d'artillerie pour protéger la retraite. On nous fait faire une grand'-halte dans une forêt près de Villerolaville : le bruit circule au bivouac que nous sommes cernés : ce qui ajoute à notre doute, c'est que le canon se fait entendre maintenant dans la direction de Villersexel, sans cependant cesser sur la direction du premier point d'attaque. 11 heures, après plusieurs ordres et contre ordres, c'est-à-dire que plusieurs fois déjà on nous a fait mettre sur les rangs pour partir et ensuite on nous faisait rester, on vient pour la quatrième fois de donner l'ordre de se mettre en marche ; on fait déployer le 3ᵉ bataillon du 42ᵉ de Marche en tirailleurs sur la crête des montagnes, afin d'éviter une surprise de l'ennemi. La neige et les nombreux convois de blessés rendent notre marche très difficile ; nous n'arrivons qu'à 1 heure de l'après-midi à Fallon ; au sortir du village, on nous fait faire une halte pour laisser passer l'Etat-Major de l'armée de l'Est, et les prisonniers prussiens. A 2 heures on se remet en marche. A 8 heures soir après une marche très lente, nous arrivons près de Larians ; comme on croit à une attaque de la part de l'ennemi, on nous fait encore ralentir la marche. Devant nous se déroule un tableau ; sur le revers d'un plateau, on voit de nombreux feux de bivac, alignés avec art, et jetant des flammes si vives qu'elles semblent déjouer les ténèbres par leur clarté. Nous arrivons à Flagny à 11 heures du soir ; le régiment y cantonne : la 2ᵉ compagnie du 2ᵉ bataillon est de grand'-garde, on nous fait placer à 500 mètres du village, sur le bord de l'Ognon.

Le 21, 10 heures du matin : on distribue un quart de vin par homme, ce qui porte à penser que nous nous batterons dans la journée, car chaque fois que le combat a été annoncé d'avance, et que l'on a pu avoir du vin, notre lieutenant-colonel, M. Couston, a toujours fait son possible pour nous en faire avoir. 11 heures, départ, nous nous mettons en marche : mais au moment où notre arrière-garde sort du village, l'avant-garde prussienne y fait son entrée. Pendant toute la journée, l'ennemi nous suit pas à pas et fait tous nos mouvements. Quand notre colonne s'arrête, l'ennemi s'arrête aussi, sans nous attaquer : il se borne à faire prisonniers ceux des nôtres que la fatigue ou leurs blessures empêchent de suivre la colonne. (Est-ce une retraite forcée ? Evidemment non, car si l'ennemi se sentait en force, il ne manquerait pas de nous attaquer.)

Le 22, à midi nous arrivons à Devecey : on nous y fait cantonner.

Le 23, 9 heures du matin, départ. Pendant cette journée, l'ennemi fait comme hier, mais avec cette différence qu'une de leurs colonnes s'est portée sur notre droite pour aller investir Besançon. 4 heures, soir nous arrivons aux portes de cette ville : Le Commandant de la place, (le général Roland) refuse tout secours à l'Armée de l'Est, et a fait garder toutes les issues de la ville par des hommes armés. Ce n'est qu'après plusieurs demandes qu'il laisse entrer nos blessés. Nous apprenons que Besançon est cerné par l'ennemi. On nous fait camper à Montboucon. L'ennemi est à Pelouzey, c'est-à-dire à un kilomètre de nous.

Le 24, le village de Pelouzey est évacué par l'ennemi. Des Mobiles et un régiment sont envoyés pour y cantonner.

Le 25, 7 heures du matin : départ pour Château-Farine pour essayer de se frayer un passage à travers les li-

gnes ennemies, car, nous dit-on, tout secours des Français
nous est rejeté. Nous arrivons à St-Ferjeux à 11 heures.
Arrivés en haut du village, un cheval d'artillerie s'abat
d'inanition : aussitôt une foule de soldats se jettent dessus, le couteau à la main. Le pauvre cheval est déjà cou-
pé en bifteack que ses membres tressaillent encore au
contact de la mort. A 1 heure nous arrivons en haut de
Château-Farine : notre artillerie se met en batterie sur un
plateau, à l'est du village. Le 1er bataillon du 42e de Marche se déploie en tirailleurs : l'ennemi n'accepte pas le
combat ; cependant quelques coups de canon sont tirés, et
des éclaireurs ennemis viennent jusque près des maisons
qui se trouvent à environ 500 mètres de Château-Farine.
Dans la soirée, on fait cantonner le régiment, et les Gardes-mobiles du Cher dans le village, au grand détriment
de quelques habitants qui montrent une vive résistance à
nous laisser cantonner dans leurs maisons. Les habitants
de la maison qui est désignée pour loger notre compagnie
se montrent si hostiles que nous sommes obligés d'aller
chercher des échelles pour prendre la maison en simula-
cre d'assaut. Notre capitaine, M. Colignon, étant monté le
premier au grenier, l'échelle fut aussitôt retirée de force
par le patron tandis que la patronne tenait notre capitaine au collet, et s'apprêtait à lui faire un mauvais parti car
M. Colignon ne voulait pas se défendre contre une femme.
Ne voyant pas venir assez tôt une échelle, le moins lourd
d'entre nous est hissé à bras dans le grenier, et se met
aussitôt en devoir de pointer sa baïonnette sur la poitrine de cette furieuse pour la faire reculer, ce qu'elle fait
avec la plus mauvaise grâce possible. Nous sommes
maîtres de la maison par la force, sans avoir fait de mal
à ces habitants qui préfèrent nous voir bivouaquer dans
la boue, presque sans feu, exténués de fatigue, que de

nous laisser reposer pendant une nuit sur la paille de leurs greniers.

A onze heures du soir, à la grande joie des habitants de la maison où nous sommes cantonnés, notre compagnie, avec la 1re du 2e bataillon, sont désignées pour concourir avec le 15e Corps d'armée, à donner une fausse attaque. Minuit, nous arrivons à notre poste, c'est à-dire à la gauche du corps d'armée du général Crémer, dans le bois d'Avanne, entre la route et le chemin de fer : ce général assigne à notre capitaine les points que notre compagnie doit occuper en cas d'attaque.

Le 26, 4 heures du matin : quelques escarmouches commencent sur différents points, avec les avants-postes prussiens. On a fait mettre des Hussards et des Cuirassiers sur la route, qui font un bruit effroyable par une course effrénée en avant et en arrière, sans doute pour faire croire à l'ennemi à une grande attaque : pendant ce temps, l'Armée de l'Est traverse Besançon pour se frayer un passage sur le côté opposé. A 5 heures du matin, on nous fait rejoindre la colonne qui est à trois kilomètres de la ville. Aussitôt arrivés, on nous fait faire une grand'-halte, pour donner sans doute le temps à notre cavalerie de faire une reconnaissance. A 11 heures, on se remet en marche par des chemins tortueux que la neige rend impraticables ; 11 heures soir, nous arrivons à Fallerans ; on nous y fait cantonner.

Le 27, 4 heures du matin : une escarmouche s'échange entre nos grand'-gardes et celles de l'ennemi. Notre lieutenant-colonel, M. Couston, et un lancier de son escorte sont surpris par des uhlans, quelques coups de feu s'échangent, le lancier est fait prisonnier ; M. Couston peut heureusement s'échapper sain et sauf, quelques heures plus tard son lancier parvient à s'échapper des mains de l'ennemi. A 7 heures du matin le 1er bataillon fait quelques prisonniers plusieurs se rendent volontairement, tant ils ont la guerre en dégoût.

Notre artillerie se met en batterie sur le plateau d'Étalons, et commence le feu : mais il n'est pas de longue durée.

A 1 heure de l'après midi, nous pouvons continuer notre marche sur des chemins de traverse pour prendre la route nationale près d'Ornans, sans aucun incident.

Nous n'arrivons à Dommartin que le 29 à 4 heures du soir. Pendant la journée du 28 on a fait sortir de Besançon tous nos blessés en état de se tenir debout, soit à l'aide de bâtons ou de béquilles ; on ne leur donne ni vivres ni argent : ceux qui ne peuvent trouver d'habits civils, ou qui n'ont pas la force de marcher à travers les bois et la campagne, sont tués ou faits prisonniers par les Prussiens. (1)

L'ARMISTICE

Le 30, à 7 heures du matin : la 1re et la 2e compagnie du 2e bataillon du 42e de Marche sont commandés pour aller parlementer, avec les Prussiens. Après une marche difficile de quelques heures, dans la forêt, nous trouvons une grand'-garde prussienne qui nous reçoit à coups de fusil. Un de nos sergents prend une flanelle blanche, la met au bout de son fusil et l'agite en l'air, comme un drapeau : aussitôt le feu cesse, notre parlementaire s'avance, et on lui répond que l'armistice n'a pas compris Belfort ni l'Armée de l'Est.

(1) Renseignements fournis par un de ces blessés, Carrel, Armand, soldat de la 6e Cie du 2e bataillon du 42e de Marche, et qui a reçu une seconde blessure à la jambe par un éclat d'obus, dans une forêt près des Forges sur le Doubs, en voulant s'échapper des mains des Prussiens, au moment où ceux-ci étaient attaqués par des Francs-Tireurs.)

Nous nous retirons à la distance voulue par les lois de guerre, et nous restons de grand'-garde dans la forêt. Il y a tant de neige qu'il nous est presque impossible de faire du feu.

A neuf heures du soir, on nous fait descendre à Dommartin pour cantonner ; à 11 heures, on nous contraint de rester sac au dos dans les rues du village sous le prétexte que l'ennemi va nous attaquer. La fumée est tellement épaisse dans le village qu'elle forme comme un épais brouillard qui nous fait mal aux yeux : la plupart d'entre nous ne peuvent les ouvrir : c'est pourquoi à chaque instant on se rencontre et on se culbute sur la neige : celui qui tombe se relève en maugréant son malheureux sort qui l'a jeté dans une pareille situation. A 2 heures du matin, on sonne à la distribution, mais elle n'a pas lieu sous le prétexte que les voitures ne sont pas arrivées.

Pendant la journée du 28, le général Clinchamp a signé une convention avec le général Suisse, Kerzog, par laquelle 82.000 hommes trouveront un refuge en Suisse.

Le 31, à 10 heures du matin, départ : nous arrivons à Pontarlier à 11 heures, et ce n'est qu'à midi que nous pouvons en sortir tant l'encombrement est grand. Nous arrivons, non sans peine à La-Cluze à 3 heures de l'après midi pour y cantonner. Une cohue ne cesse de passer toute la nuit, l'artillerie, la cavalerie, l'infanterie, les voitures, les canons, etc., tout se heurte dans un désordre désespérant, on dirait un sauve-qui-peut ; les plus forts entraînent les plus faibles et les cris de ces derniers se mêlent au bruit des voitures.

LES FORTS DE JOUGNE

Le 1er février, 6 heures du matin : nous apprenons qu'une batterie du 24e Corps d'armée est prise par l'ennemi. Ce n'est qu'un affreux mensonge que l'on a fait circuler dans nos rangs pour nous décourager. Après avoir demandé la route que cette batterie à suivie et l'habillement des hommes qui la conduisaient, nous la reconnaissons pour être celle des Mobilisés du Rhône. Comme c'est sur la route de Chambéry qu'elle s'est dirigée, elle n'a eu, ou presque rien eu à craindre de l'ennemi, elle s'ouvre un passage facile à travers les lignes ennemies. (Huit jours plus tard, un journal de Genève (Suisse) confirmait ce fait en annonçant que les Mobilisés du Rhône allaient faire leur entrée à Lyon en amenant une batterie de pièces de montagnes).

Le général Clinchamp fait placer le 18e Corps comme il suit : le 3e bataillon du 42e de Marche est placé dans les forts de Joux ; le 6e bataillon de Chasseurs à pied, et les débris des 1er, 2e et 3e bataillons d'Afrique, (qui sur 1500 hommes à leur entrée en campagne ne sont plus que 50 ou 60, et demain n'entreront que 37 en Suisse,) sont envoyés à Malbuisson, les Mobiles du Cher restent en réserve à La-Cluze pour se porter où leur présence sera nécessaire ; les 1er et 2e bataillons du 42e de Marche reçoivent ordre de partir pour Malbuisson.

Nous quittons La-Cluze à 7 heures du matin : l'aurore, toute étincelante, semble sortir de ce linceul de neige, et dore les maisons en annonçant une belle journée. Cependant les fronts des habitants s'assombrissent à la vue de nos préparatifs de défense ou d'attaque, présageant le triste combat qui va s'engager.

Au dessus de nos têtes est placé le fort de Joux. Il se

trouve à cheval sur la route qui passe à travers lui adossé à un talus rapide et dominant un précipice à pic, il commande toute la vallée, au fond de laquelle la Morthe roule ses eaux, comme un long ruban argenté, et qui sur le versant opposé à la citadelle, n'offre à un demi kilomètre que des sentiers connus des seuls contrebandiers, et impraticables pour une armée.

C'est dans un de ces sentiers que nous allons nous engager. De chaque côté, à la distance de cent en cent mètres, sont plantés des poteaux peints de diverses couleurs pour marquer le passage praticable, car 80 centimètres de neige couvre la terre en ces endroits. La cavalerie marche en tête de la colonne, ce à quoi nous n'avons pas à nous plaindre, car les chevaux nous frayent le chemin. En passant sur le chemin de fer, notre colonne est obligée de couper une file de soldats français qui, soi-disant, ont été désarmés par les Prussiens à Pontarlier, et envoyés ensuite au camp français : ils suivent maintenant le chemin de fer pour se constituer prisonniers en Suisse.

A neuf heures et demie nous entendons le canon dans la direction de Pontarlier. A 11 heures et demie, nous arrivons à Oyé, on nous fait embusquer de distance en distance, sur la route de Malpas à Oyé. Le 1er bataillon est de grand'-garde dans une forêt à environ 500 mètres en avant de notre ligne, près de Laplanée.

A une heure, on envoie six hommes à Malpas pour savoir si l'ennemi y est, quand ils reviennent, ils disent au commandant Lafitte que les habitants de ce village n'ont pas voulu les laisser entrer en leur disant que les Prussiens sont venus dans la matinée et leur ont commandé 3.000 rations de pain pour 3 heures de l'après-midi, et que s'ils trouvent un seul soldat français dans le village, ils y mettront le feu.

A 2 heures, le 1er bataillon est surpris par l'ennemi ; une vive fusillade s'engage ; la cavalerie reçoit l'ordre de se porter en avant pour soutenir le choc èt pour nous donner le temps de porter secours à la première ligne ; mais les chevaux exténués de fatigue et de faim, tombent d'ination dans la neige pour ne plus se relever. On fait déployer le 6e bataillon de Chasseurs et les bataillons d'Afrique sur notre droite : le combat commence sur toute la ligne. Quoique les Prussiens soient plus nombreux et qu'ils aient de l'artillerie, nous leur tenons tête.

A quatre heures, ils commencent à se replier, les Mobiles du Cher viennent nous rejoindre et montrent au feu un sang-froid stoïque, digne de troupes aguerries.

A six heures du soir l'ennemi bat en retraite sur Pontarlier : et on nous fait revenir à Pallet qui offre maintenant un triste tableau. Si l'on regarde par la fenêtre de chaque maison, on voit une pénible scène, une lampe fumeuse jette dans la chambre une lumière blafarde et éclaire à demi les blessés qui jettent des cris de douleur, étendus sur de la paille, car le froid rend leurs blessures plus vives. Les rues sont encombrées de voitures, de bagages, toutes mutilées par les projectiles. Au loin dans les montagnes on entend les cris de désespoir des blessés qui n'ont pu encore être ramassés.

A neuf heures, une forte détonation se fait entendre près de Pallet, c'est le pont que notre arrière-garde vient de faire sauter. Nous abandonnons la place du combat après avoir repoussé l'ennemi ; nous abandonnons nos blessés à la merci des Prussiens.

Où sont donc nos ambulances ? Ici comme après les autres combats, elles ne sont que chimériques ; si, cependant, nous apercevons trois de ces voitures renversées dans la neige par les projectiles. Les conducteurs de ces

voitures venaient-ils sur la place du combat à Pallet pour
y porter secours ? cela ne nous paraît pas plus probable
que de croire que les voitures que nous avons trouvées
brisées à Pallet venaient là pour nous apporter des vivres, leurs conducteurs croyaient tout simplement y trouver un passage facile pour entrer en Suisse. Leur entreprise ne fut pas heureuse, car les projectiles ont mis fin à
leurs projets en brisant leurs véhicules.

Cependant la faim et le froid, le vain espoir de trouver du pain, font que quelques hommes s'échappent des
rangs pour aller dans les voitures d'ambulance afin de
fouiller, là, comme ailleurs. Leurs recherches ne sont pas
heureuses, ils ne trouvent que charpie et médicaments,
vains objets qu'ils jettent au loin dans la neige avec dé-
dain. Nous emmenons devant nous un troupeau de bœufs
que nous avons pris à l'ennemi. Ils nous sont d'une grande utilité pour nous frayer le chemin. La nuit nous en-
veloppe de ses ténèbres, mais la blancheur de la neige et
cette ombre transparente qui indique le lever de la lune,
éclairent un peu notre marche. Cependant la lune est
encore invisible pour nous ; la grande famille de ces montagnes neigeuses, spectres immobiles et mélancoliques
qui forment l'horizon regardent dormir les vallons recou-
verts de neige comme elles. Elles s'élèvent de chaque
côté de notre défilé. Bientôt cependant leur cîme se colore
d'un léger blanc d'argent mat qui devient de plus en plus
vif ; alors directement derrière une de ces hautes montagnes apparaît échancré par la montagne, un globe de feu
que l'on croirait être un de ces fanaux de guerre qui
semblent encore appeler la vieille Gaule aux armes.
Mais hélas ! combien n'avons-nous pas dégénéré depuis
Vercingétorix, ce valeureux chef gaulois qui défendit avec
tant de courage et de patriotisme la Gaule contre César.

Bientôt il prend sa forme sphérique, paraît reposer légè-
rement sur l'extrémité de la pointe aiguë d'une montagne comme le feu de Saint-Elme au bout d'un mât, puis
enfin se balance comme un aréostat qui fuit la terre ; il
prend son vol lent et silencieux.

Nous continuons à suivre notre sentier au milieu du
plus fantastique enchantement de la nuit, sans perdre de
vue un instant la muraille de neige vers laquelle nous
avançons, et derrière laquelle s'élèvent les clameurs confu-
ses des combattants. Quoique nous en soyions éloignés
de quatre kilomètres, de temps en temps à droite ou à gauche, un bruissement plus rapproché nous fait tourner la
tête, ce sont quelques cascades jetant aux montagnes
leurs écharpes de gaze, ou quelques sapins dans la cîme
desquels passe la brise et qui se plaignent les uns aux
autres dans une langue inconnue. Si la fatigue et la faim
ne nous avaient pas autant abattus, nous regretterions de
ne pas avoir encore 15 ou 20 kilomètres à faire par une
si belle nuit.

A notre arrrivée près de La-Cluze, le ciel s'obscur-
cit, la lune semble ne pas vouloir éclairer la scène sanglante qui va se passer. Il est 11 heures, nous croyons
cantonner dans ce village, mais hélas ! le bruit lugubre
du canon, le pétillement de la fusillade, les cris des combattants nous font bien vite comprendre que nous ne devons pas nous reposer, si ce n'est pour un grand nombre
d'entre nous que le fer et le feu vont faire reposer pour
l'éternité. Les chaînes de montagnes et la grande habitude
d'entendre le pétillement de la fusillade et le bruit du
canon nous ont, jusqu'à ce moment, empêchés d'entendre
le bruit du combat.

Le 3e bataillon du 42e de Marche est aux prises avec
l'ennemi ; ce dernier croyait que les forts ne seraient pas

défendus, il avait eu l'audace d'amener deux pièces de siège jusqu'au pied du fort : mais il paya cher son audacieuse entreprise, car aucun de ceux qui ont conduit ces pièces n'a pu raconter le résultat de l'entreprise à Bismarck. Les pièces restent au pouvoir des défenseurs des forts. On nous fait déployer en tirailleurs, le cri de en avant s'élève de toutes parts : le combat se rengage avec plus de furie et un carnage affreux s'ensuit. Les uns sont engagés à la baïonnette et la fusillade pareille au roulement rauque d'une mitrailleuse se fait entendre. On dirait que les montagnes prennent feu comme des volcans et vomissent la mitraille. A tout ce bruit sont mêlés les cris des combattants et des blessés, le cliquetis des armes qui se choquent les unes contre les autres, les obus et les bombes sillonnent l'espace et font entendre un bruit effroyable en éclatant sur ce sol funèbre et jonchent le sol de cadavres, Prussiens et Français semblent s'être donné rendez-vous pour se donner la mort à la faveur des ténèbres.

Les rues de La-Cluze commencent à s'encombrer, des voitures, des caissons, des affûts, des cadavres d'hommes et de chevaux roulent pêle-mêle dans la neige qui est teinte de sang et noircie par la poudre.

A quatre heures du matin, le lieutenant-colonel M. Couston a son cheval tué sous lui, et a lui-même une partie du talon enlevé par le même éclat d'obus. A la même heure l'ennemi bat en retraite dans un grand désordre, et nous lui faisons une centaine de prisonniers en le poursuivant : on nous fait ensuite rétrograder.

En arrivant à La-Cluze, nous nous mettons à chercher dans les décombres des voitures pour trouver des vivres : nous trouvons du pain, des biscuits, de la farine et des boîtes de viande de conserve. Quoiqu'il y ait du pain qui

a roulé dans la neige teinte du sang des cadavres, on le
ramasse et on le mange avec autant d'avidité que s'il
sortait de chez le boulanger. Dans cette bagarre on voit
des officiers aux prises avec les soldats pour avoir leur
part de vivres. Nous trouvons aussi des voitures chargées
de boîtes d'allumettes, et d'autres chargées de marchandises aussi inutiles à une armée en campagne.

Que l'on ne s'étonne donc pas si une guerre est désas-
treuse pour un pays, quand on compte que le nombre des
voitures de bagages qui sont passées à La-Cluze depuis
quatre jours s'élève à trois ou quatre mille, peut-être plus si
l'on compte que depuis notre entrée en campagne chaque
voiturier a reçu cinq francs par jour et par collier : ses
chevaux sont nourris pour la plupart du temps aux frais
de l'État. Ce qui nous frappe les yeux, c'est que tout cet
attirail de voitures, qui a gêné notre marche depuis notre
entrée en campagne jusqu'à la fin, n'a pu, en aucun
moment nous fournir du pain. Nous remarquons aussi
que, comme l'infanterie marche en avant, on y a toujours
fait marcher les voitures chargées de foin, de paille et
d'avoine, tandis que celles qui sont chargées de pain, de
sucre, de café, etc., sont toujours restées en arrière de la
colonne avec l'artillerie et la cavalerie, c'est pourquoi il
n'était pas rare de voir des cavaliers donner du pain et du
sucre à leurs chevaux : ce qui prouve ce fait, c'est que du
grand nombre de voitures qui sont entrées en Suisse,
aucune ne contient de vivres, tandis que les dernières,
comme on vient de le voir, sont remplies de provisions
de toutes sortes, et ces voitures, ainsi que leurs conducteurs, sont les mêmes qui nous suivaient déjà à l'Armée
de la Loire.

Mais, si la composition de la marche de nos convois
a été prescrite avec préméditation par nos généraux, nous

ne pouvons que nous écrier avec le premier Prussien qui a été fusillé à Paris dans la cour de l'École Militaire, le 8 septembre 1870 ! « Canailles de Français » !

Comme nos lecteurs peuvent s'en rendre compte par ces faits, on a amené des marchandises de l'armée de la Loire en Suisse, peut-être dans la prévision, de ne rien nous laisser manquer dans ce petit pays, durant notre captivité. Administration Française, tu prévois tout !

Le 13 janvier, on nous a fait croire que les convois n'avaient pu arriver à cause de la grande quantité de neige ; dix-neuf jours plus tard dans un pays encore plus montagneux, un convoi formidable paralyse les mouvements de nos colonnes et donne à notre chef un prétexte de nous conduire au désastre, dans sa pensée sans forfaire à l'honneur.

A 4 heures et demie on nous fait rassembler sur la route de La-Cluze aux Verrières, près du chemin de fer. Le silence de la nuit n'est troublé que par les cris des blessés qui appellent à leur secours, et se débattent dans les dernières convulsions de l'agonie ; le froid a bientôt paralysé leurs mouvements, à 5 heures, la mort seule plane sur ces montagnes, et au milieu des ténèbres une scène lugubre se déroule devant nous, autour des feux de bivouac : à la lueur des flammes rouges et languissantes, on voit ces hommes tout déchirés, à la figure pâle et amaigrie, auxquels la faim et la fatigue ont fait des ravages affreux : tous ces êtres presque inanimés semblent faire leurs derniers efforts pour lutter contre la mort.

Le 2 février, à l'aube du jour, le champ de bataille montre aux regards un triste tableau. Vingt quatre heures plus tôt, la neige dans ces endroits, était d'une blancheur vierge : aujourd'hui, elle est teinte de sang, noircie par la poudre, et couverte de cadavres et de décombres de toutes sortes. Les villages de La-Cluze, Pallet et Malpas étaient pimpants, le soleil éclairait leurs maisons de ses beaux rayons, et les enfants gazouillaient joyeux en jouant sur les genoux de leurs mères tout montrait les faveurs de la paix. Seul le front des personnes adultes s'assombrissait à l'approche de l'ennemi ; c'était le pronostic de cet affreux fléau que l'on nomme la guerre ; aujourd'hui ces villages montrent aux humains la ruine et la dévastation. On voit que le terrible fléau qui suit les armées y a fait un affreux ravage.

A 6 heures du matin nous nous mettons en marche : nous arrivons aux Verrières françaises : des remparts d'armes et de munitions de toutes sortes s'élèvent de chaque côté de la route, sur le territoire suisse.

Quatre vingt deux mille hommes viennent de trouver un refuge dans un pays neutre, après que seulement 18.000 des leurs, presque sans artillerie, viennent de remporter un avantage sur l'ennemi. Voilà où nous ont conduits nos fausses manœuvres des journées d'après le combat de Villersexel ; voilà nos funèbres présages de la soirée du 13 janvier réalisés ; voilà enfin où est venu se heurter une armée de Cent vingt mille hommes à son début, anéantie de 35 à 40 mille hommes en 42 jours par la faim, le froid, la fatigue et le fer.

Mais, quand la France apprendra le désastre de notre armée, qu'elle n'accuse pas ses soldats d'avoir failli à leur devoir, car si nos lecteurs ont suivi attentivement ce récit, ils n'ont vu qu'une seule fois, à Héricourt, un de nos corps d'armée (15e corps) battre en retraite en combattant, et encore à cause de la panique jetée dans ses rangs par des ..... et le manque du concours des autres corps d'armée, qu'on avait laissés inactifs pendant l'action.

TROISIÈME PARTIE

CAPTIVITÉ

ET

RENTRÉE EN FRANCE

CAPTIVITÉ

Le 2 février, 9 heures du matin : nous arrivons aux Verrières (Suisse). Un grand va-et-vient y règne : des traîneaux sur lesquels sont nos armes, tirés par des chevaux de l'artillerie suisse, transportent tout ce matériel de guerre à la station du chemin de fer, pour être ensuite expédié dans les arsenaux des villes intérieures de la Suisse.

Arrivés sur la place, nous voyons les Prussiens que nous avons fait prisonniers pendant la nuit à La-Cluze : ils sont gardés par des soldats suisses. Une interminable file de voitures chargées de farine, de biscuits, des fourgons d'artillerie, etc., ne cessent d'encombrer la route. Chacun de nous prend de la farine et des biscuits par prudence contre la famine.

A 11 heures du matin, on rassemble les débris du 42e de Marche qui s'élèvent de cinq à six cents hommes sur quatre mille six cents à son entrée en campagne. Il reste encore trente cinq hommes sur deux cent seize dans notre compagnie : on nous fait partir sous la conduite d'un officier suisse et de quelques uns des nôtres. Partout sur notre passage, et surtout dans les villages que nous traversons, les habitants nous acclament, nous arrivons à Beverne à 5 heures du soir : on nous assigne nos cantonnements.

Le 3, 7 heures du matin, on nous fait revenir à Fleurier pour bivouaquer : près de 30.000 hommes y sont déjà, dans la vallée de cette dernière ville : toutes ces troupes sont là, en attendant que l'on désigne à chacune l'endroit où elles seront internées. Comme pour ces troupes, notre installation est bientôt faite, le temps de déblayer la neige et de faire du feu, voilà nos bivouacs préparés. Au loin, la fusillade et le grondement sourd du canon se font entendre : chacun de ces coups portent peut-être la mort dans les rangs de nos camarades, sans que nous puissions leur porter secours. Nous sommes là dans l'inertie a entendre le glas funèbre sans pouvoir leur fermer les yeux : ils se font tuer pour l'honneur de l'Armée Française. En effet, une poignée d'hommes défendent le fort de Joux contre une armée dite invincible forte de........ hommes. Des milices suisses sont en vedette sur les montagnes pour garder l'intégrité de leur territoire contre les armée belligérantes.

Comme notre gîte n'est pas très agréable pour la nuit, beaucoup d'entre nous se répandent dans la ville pour en chercher un autre. Les maisons sont envahies par des réfugiés français de toutes armes, l'église même est comble, on y est si serré que l'on n'en peut ouvrir la porte qu'avec peine ; il y a des soldats couchés partout, il y en a jusque dans les escaliers qui servent à monter à la tribune, et cette dernière elle-même est comble. Une pièce de monnaie que l'on jetterait en l'air ne pourrait, en aucun endroit de l'église, tomber à terre.

Pendant plusieurs nuits encore, elle est destinée à servir de gîte à beaucoup d'entre nous.

Le 4, à 7 heures du matin, le réveil sonne au camp, chacun se lève. Un prêtre vient nous avertir qu'il dira la messe à 8 heures en l'honneur de nos camarades tombés durant ces derniers combats et il nous engage à y assister. A 8 heures, l'église est redevenue dans son état normal, avec cette différence qu'elle est occupée par un grand nombre de réfugiés qui y sont venus prier pour leurs camarades qu'ils ont laissés sur les champs du Loiret, de la Haute-Saône et du Doubs. Une pénible sensation s'empare de tous les cœurs, en chacun de nous le souvenir remonte jusqu'au début de cette malheureuse campagne. Combien de nos camarades, de nos compagnons d'infortune, qui pendant ces journées néfastes avaient remplacé nos familles absentes : ils étaient les témoins de nos peines, de nos souffrances, de nos craintes, enfin de tout ce qui peut assister un soldat durant une campagne, ils sont restés sur ces champs, la plupart ensevelis dans la neige, éloignés de leur famille, et leurs cadavres ont été la proie des animaux carnassiers. En rentrant en France, si nous rencontrons leurs parents, nous ne pourrons leur dire qu'avec peine que ceux qu'ils attendent ne sont plus.

A 9 heures, nous sortons de l'église, les rues sont encombrées de soldats qui les parcourent en tous les sens Sur plusieurs places publique, la soupe est distribuée en plein vent par une commission qui s'est instituée à cet effet ; beaucoup de personnes en distribuent aussi, ainsi que du thé et du café.

Le 5, presque toute la ville est évacuée, il n'y reste plus que quelques régiments.

Le 6, c'est au tour du 42ᵉ de Marche à partir ; il est désigné pour être interné à Bâle. A 11 heures du matin, départ pour aller à la gare du chemin de fer à Noiraigue, petite station située sur le penchant d'une colline à deux kilomètres de Fleurier. A 1 heures, nous sommes installés dans les wagons, le train s'ébranle et nous sommes dirigés sur Neufchâtel où nous arrivons à 3 heures du soir.

Nos officiers sont dirigés sur Baden qui est leur lieu d'internement. On nous laisse faire une halte d'une heure, mais cependant sans nous laisser la faculté de nous éloigner de la colonne. Quelques dames passent à côté de notre compagnie, s'aperçoivent que beaucoup ont le rhume : elles se cotisent pour nous acheter des sucreries, elles sont imitées par beaucoup d'autres, enfin il serait trop long d'énumérer ici toutes les faveurs dont nous sommes gratifiés par les habitants de Neufchâtel. A 5 heures nous nous remettons en marche sous la conduite d'un officier et d'un piquet de soldats suisses, ces derniers nous escortent baïonnette au canon, nous traversons les villages de Saint-Blaise, Comur, et nous arrivons à 8 heures et demie du soir à Cressier pour cantonner. Moitié du régiment reste dans ce village et l'autre moitié se remet en marche pour Landron où nous arrivons à 9 heures. La plus affable hospitalité nous est réservée ; des femmes et des enfants nous attendent sur la place, avec du thé et du café, et nous le distribuent.

Pendant que cette distribution se fait, les hommes se disputent entre-eux le droit de nous loger, ceux qui n'ont guère de place veulent en loger plus qu'ils ne peuvent : ceux qui sont riches et qui ont beaucoup de places, disent aux premiers que c'est plutôt aux riches à nous loger, puisqu'ils ont beaucoup de place et qu'ils sont plus à même de bien nous recevoir ; il serait impossible de décrire cette scène touchante, que de fois nous nous disons les uns aux autres que la France ne pourrait faire mieux pour la Suisse. La belle devise de ce peuple se trouve aujourd'hui bien caractérisée : « Un pour tous ; tous pour un » ! Enfin le maire est obligé de trancher le différend en nous faisant placer sur deux rangs, et en donnant à chaque habitant un nombre d'hommes proportionnel à ses moyens. Dans la soirée, nous apprenons que la veille, les habitants de Landron ont eu à loger les Prussiens que nous avons faits prisonniers à La-Cluze, le 2 février : mais qu'au lieu de les avoir reçus comme nous, les femmes et les enfants les ont attendus avec des pierres, et que, sans l'intervention des soldats suisses, qui escortaient ces prisonniers, on leur aurait fait un mauvais parti : personne ne voulut les loger, on les fit cantonner à la mairie et le maire fut obligé de faire une réquisition de pain par la force, pour les Prussiens.

Le 7, 8 heures du matin, départ, en traversant le village des acclamations en signe d'adieu se font entendre. Nous emportons le souvenir de la bienveillante hospitalité de ce petit village. Midi, après avoir traversé les villages de Neuville, Douanne, nous arrivons à Bienne, et l'on nous fait stationner près de la gare pour attendre la formation du train qui doit nous emmener ; 4 heures, soir, on nous fais monter dans les wagons, mais le train ne se met pas en marche. Pendant ce moment de répit, quelques uns des nôtres croient reconnaître le général Bourbaki qui le front bandé se trouve devant une des portes de la gare. Il est de suite l'objet des plus dures insultes. Pour mettre fin à cette scène qui pourrait devenir funeste pour le général, ce dernier disparaît, car quelques uns déjà veulent descendre des wagons. Eh quoi ! disons-nous, avec un revolver il n'a pu se tuer, le ciel a permis que ce monstre ne tombe pas foudroyé en employant un tel subterfuge. Pluton a eu horreur de le recevoir dans son

Vue générale de Bâle

Caserne où fut interné le 42e de Marche

noir séjour ; 4 heures ; 1/2, le train s'ébranle, et nous sommes dirigés sur Bâle où nous arrivons à 10 heures du soir, une foule compacte nous attend à la gare, et les rues sont encombrées sur notre passage, des cris de Vive la France ! vive la République ! se font entendre, nous répondons par ceux de vive la Suisse ! vive la République ! c'est avec peine que nous parvenons à nous frayer un passage. En traversant le pont du Rhin, notre marche se trouve encore ralentie : une dame nous dit en passant «Mes bons Français, vous devez vous trouver heureux d'être prisonniers : au moins si vous n'êtes pas vainqueurs, vous avez la vie sauve et vous pourrez revoir vos parents. » Ayant la main tendue vers le duché de Bâle, un de nos camarades répond à cette dame : « Nous sommes très heureux d'être parmi un si bon peuple, mais, ce ne devrait pas être ici notre place, nous devrions être à quelques kilomètres dans cette direction et avec nos armes ».

A 11 heures du soir nous entrons à la caserne du Kleinspithal (petit hôpital), qui est notre lieu d'internement. Il nous serait impossible de décrire tout ce qui a été préparé pour nous recevoir : avec quelle bonté nous sommes traités par les officiers suisses chargés de notre surveillance : ils sont envers nous de vrais pères de famille.

Aussitôt arrivés dans la cour, on nous fait mettre sur deux rangs et ensuite diviser par groupes de dix hommes conduits par un caporal ou un sergent ; chaque groupe se rend à tour de rôle à la cuisine, où on lui fait sa distribution de vivres, et est ensuite conduit dans une des chambres. Quelles louanges n'avons nous pas à faire de la bonne administration de ce petit pays qui, pour toutes les nations, est sujet d'horreur pour la seule cause qu'il est en République. Cependant, comme civilité et comme administration, on peut le placer le premier de l'Europe.

Minuit, tout est rentré dans le plus profond silence : on n'entend plus le canon ni la fusillade, seule la sentinelle qui est sous nos fenêtres fait entendre son pas régulier sur le pavé. Morphée a fait descendre des pavots sur ces hommes qui, depuis six mois, sont exposés aux intempéries des saisons et n'ont eu pour lit que la terre, la neige et le grenier du paysan.

Le 8, 6 heures du matin, réveil : Quel n'est pas notre étonnement en voyant dans tous les coins de la cour des jeux de toutes espèces pour nous distraire. Durant nos longues journées de récréations pendant notre captivité, nos gardiens n'ont rien oublié pour nous la rendre plus heureuse. O, nobles gardiens, quel est le soldat qui ne voudrait pas être votre prisonnier : vous nous ferez regrettez les heureux jours que nous allons passer parmi vous.

A l'appel de 10 heures du matin on nous lit l'ordre du jour suivant :

Ordre du jour

Bâle le 7 février 1871.

Les événements de guerre ont pris pour vous une tournure malheureuse, après bien des fatigues et non sans avoir donné des preuves de bravoure, vous fûtes forcés de vous retirer sur le territoire neutre de la Suisse.

Un accueil cordial vous est assuré dans cette ville : par contre, nous en appelons à votre honorabilité militaire, nous attendons de vous en qualité de braves soldats, une conduite exemplaire : aussi comptons-nous sur une discipline rigide, le tout en l'honneur de votre chère patrie, en honneur de votre république.

Le Colonel Inspecteur des troupes françaises internées à Bâle

Signé : Samuel BACHOFEN

Monument élevé par souscription
en hommage de reconnaissance, a la Suisse

Jardin Zoologique de Bâle

Tous les matins, les bains de la ville sont requis pour nous ; on nous y conduit par groupes, et à tour de rôle.

Tous les hommes des divers régiments qui sont internés dans cette caserne sont divisés en trois groupes égaux qui prennent les dénominations de 1er 2e et 3e bataillons ; chaque jour on délivrera des cartes de sortie pour un bataillon qui sortira de 1 heure à 3 heures de l'après-midi, ce qui met nos sorties individuelles à deux par semaines. Quinze jours plus tard, nos forces étant à peu près rétablies et l'administration chargée des internés ayant acheté des caisses pour les tambours et les clairons, chaque dimanche il y a promenade militaire pour tous les prisonniers sous la conduite du colonel suisse commandant les réfugiés français à Bâle avec tambours et clairons en tête, comme aux jours où nous marchions à l'ennemi. On nous fait visiter la cathédrale : on y fait jouer l'air de Guillaume Tell sur le bel orgue de Haas de Lauffemburg : le jardin zoologique. Ce qui nous étonne dans ce jardin, c'est d'y voir quelques moutons, que des gardiens nous disent venir de France depuis quelques jours seulement. Ces animaux ne font pas partie de l'Académie et cependant ils se font comprendre de leurs camarades suisses : ils font entendre le même langage.

Nous qui faisons partie de la gent dite civilisée, ne pourrions-nous nous faire comprendre des Bavarois qui sont à un kilomètre de Bâle ? Pourquoi les bienfaits de la civilisation seraient-ils de nous obliger à la multiplicité des dialectes. Puisque les peuples ne veulent pas abandonner leur dialecte pour celui du voisin, avec celui de son pays, ne pourrait-on pas adopter une langue universelle ? Nous pourrions cette fois nous trouver au niveau des moutons français du jardin zoologique : nous pourrions nous faire comprendre de nos semblables de tous les pays du monde.

Nous visitons également le vieux cimetière de Bâle où se trouve la tombe d'un colonel français.

LE COLONEL CHARRAS

Tous ceux qui connurent Charras ou furent à même d'apprécier son génie, évoquèrent son nom aux jours de nos malheurs. Le colonel Charles Martin, entre autres, dans une conférence faite à Paris, avait pu s'écrier, au milieu des bravos populaires : « Si Charras avait vécu en 1870, il eût été l'épée et le génie de la défense nationale. Supposez Charras partageant la tâche gigantesque de Gambetta ; on se demande quels miracles n'eussent pas accompli ce cœur doublant ce cœur, ces deux patriotismes s'additionnant, se complètant l'un l'autre ».

« Mais hélas ! Charras était mort en 1865 : l'exil l'avait tué ».

« Ce patriote ardent, héritier légitime des soldats héroïques de 1793, des Foy, des Lamarque, républicain convaincu, écrivain solide et brillant orateur, administrateur habile, et possèdant toutes les qualités de l'homme d'État, eut la malchance d'être misérablement frappé par le triste et sombre conspirateur de Strasbourg, de Boulogne et de Décembre ».

« Ce Napoléon III trouvait la France trop riche en hommes et trop puissante. Aussi la diminua-t-il moralement en jetant dehors des milliers de ses meilleurs citoyens, avant de la diminuer matériellement en livrant à l'ennemi deux de ses meilleures provinces ».

« Charras (Jean-Baptiste-Adolphe) est né le 7 janvier 1810 à Phalsbourg, Meurthe).

« Son père, originaire du Dauphiné, y tenait garnison, comme lieutenant-colonel d'Infanterie ; c'était un volontaire de 1793, de l'armée de Sambre-et-Meuse, qui après avoir fait le siège de Toulon et la campagne d'Italie, avait gagné l'épaulette de chef de bataillon en Égypte mais avait voté contre le consulat à vie, puis contre l'empire, et, par conséquent, n'avait guère avancé, malgré sa bravoure et son talent ».

« Sa mère, née de Vedrène, issue d'une famille noble de l'Auvergne, n'en exécrait pas moins l'ancien régime et la Restauration, au point de dire à son fils lorsqu'il fut reçu des premiers à l'école polytechnique, en 1828 : (« je t'aime bien, mais je préférerais te voir mort que partisan des Bourbons ».

« On devine ce qu'à pareille école devait devenir le jeune Charras. En 1830, il porta un toast à Lafayette dans un banquet de cent polytechniciens, puis il fit partie avec Eugène Cavaignac d'une société républicaine : l'Association nationale contre le retour des Bourbons. Il se lia ensuite avec le grand journaliste républicain Armand Carrel et publia, dans le NATIONAL, une série d'articles militaires fort remarqués ».

« Envoyé en Afrique, il trouva moyen de se distinguer, à peine débarqué. Ses exploits à Cherchell, bloqué par les Kabyles, où il commandait l'artillerie, frappèrent son supérieur immédiat Lamoricière. Celui-ci le fit venir à Maskara, se l'attacha, comme officier d'ordonnance et lui confia l'administration du district.

« Quatre fois, il fut mentionné par le Commandant en chef Bugeaud. Il était spécialement désigné à l'honneur et à l'avancement, mais il refusa de porter à Paris, les trophées de la victoire, et cette mission remplie par un autre officier lui enleva toute faveur gouvernementale ».

« Charras se distingua dans l'administration des buraux arabes ; avec les zéphyrs transformés en ouvriers et en cultivateurs, il improvisa la ville de St-Denis-sur-Sig ».

« En 1847, il fut présenté au duc d'Aumale, gouverneur de l'Algérie, et Lamoricière lui désigna son lieutenant en ces termes, « Un Jacobin fils de Jacobin et officier du plus grand mérite ! ». Le duc répondit : « je fais grand cas de tels Jacobins » et ajouta : « Vous n'avez pas avancé aussi vite que vous le méritiez ; mais j'ai vu par moi-même vous n'attendrez plus longtemps les épaulettes de général ».

« La Révolution de 1848 le ramena à Paris. Il fut nommé, par le gouvernement provisoire, secrétaire de la commission pour la défense nationale, puis devint sous-secrétaire d'État au ministère de la guerre. »

« Il fit preuve dans ces délicates fonctions d'une habileté, d'une activité et d'une énergie extraordinaire, et remplit sous la Commission exécutive les fonctions de Ministre de la guerre par intérim en attendant le général Cavaignac. Puis sous ce dernier, devenu chef du pouvoir exécutif, il continua ses fonctions de sous secrétaire d'État de la guerre jusqu'au 10 décembre 1848, à l'élection de Louis Napoléon Bonaparte ».

« Charras s'en tint alors à son rôle de député. Il lutta contre les intrigues de l'Élysée avec une clairvoyance peu commune, et dénonça dix fois, mais en vain, les préparatifs du coup d'État sous lequel devait succomber la République ».

« Pendant son exil, il composa les deux ouvrages qui doivent immortaliser son nom : Waterloo et la campagne de 1813. Dans le premier ouvrage, il relevait généreusement la France abaissée, humiliée par des panégyristes sans vergogne au profit d'un despote, il prouvait que Napoléon était seul coupable et responsable des désastres de 1815. Dans le second ouvrage, inachevé malheureusement, Charras eut la hardiesse rare de signaler dans la colère des nations contre le despotisme de Napoléon et l'insurrection patriotique des Allemands, les véritables causes des défaites de l'Empire ».

Le dimanche 12 février, nous faisons notre première promenade militaire : beaucoup de promeneurs nous suivent. Après une marche de deux kilomètres, on nous fait arrêter dans un bosquet. Le soleil commence déjà à recouvrer sa chaleur de printemps ; quelques fleurs sont déjà épanouies et répandent un doux parfum ; au fond du paysage et le dominant de tous côtés, de hautes montagnes couvertes de neige se détachent dans l'azur du ciel ; elles sont colorées par les rayons du soleil.

Tout l'ensemble de cet immense panorama dont les dômes neigeux dominent la nouvelle végétation de la vallée, semblent le palais d'été du Dieu de l'hiver.

Le Rhin roule ses eaux argentées, et les oiseaux font entendre leur ramage sur ces arbres dont le feuillage est à peine éclos ; une demi-heure plus tard, on sonne la Diane, comme si nous étions profondément endormis. On se remet en marche et l'on nous conduit sur le territoire Badois. En passant devant un poste prussien, nous semblons dire à nos ennemis : « Voilà, regardez ceux que vous avez vaincus sans les avoir battus ».

En rentrant de la promenade, une surprise nous est faite par quelques habitants de la ville qui nous font distribuer la bière à leurs frais.

Comme chaque jour que nous allons passer ici n'offrira aucun événement remarquable pouvant être relaté, nous avons toute latitude pour réfléchir et juger les événements que nous venons de traverser. Nos lecteurs, ayant

suivi le cours des opérations de nos deux armées, ont vu
que toutes les deux ont eu le même sort, avec cette différence que la première fut mise en déroute sur le territoire
français et que la seconde fut jetée sur le territoire suisse,
en employant la même tactique, c'est-à-dire en ne donnant pas de coups décisifs, ne profitant jamais d'un avantage remporté : enfin en un mot, ayant employé toutes les
tactiques contraires au caractère du soldat français : on dirait même que des divinités infernales se soient mises
dans nos quartiers généraux pour falsifier les ordres afin
de morceler nos armées et de les rendre inutiles.

On connaît le plan que soumettait le général Crémer
au général en chef de l'armée de l'Est. Peut-être le lecteur
trouvera-t-il ce plan trop téméraire à cette époque : mais
a-t-on oublié ce que firent nos aïeux en 1792 ? Les hordes
armées n'ont-elles pas remporté des victoires ? Tout cela
pouvait se faire encore, mais il fallait des hommes énergi-
ques et désintéressés pour prendre l'initiative, décréter
la Patrie en danger, et faire apparaître le décret patriotique du 23 août 1793, ainsi conçu :

« Dès ce moment jusqu'à celui où les ennemis auront été
« chassés du territoire de la République, tous les Français se-
« ront en réquisitions permanentes pour le service des armées.
« Les jeunes gens iront au combat, les hommes mariés forgeront
« les armes, et transporteront les subsistances, les femmes fe-
« ront des tentes, des habits, et serviront dans les hôpitaux ; les
« enfants mettront les vieux linges en charpie : les vieillards se
« feront porter sur les places publiques pour exciter le courage
« des guerriers, prêcher la haine des rois et l'amour de la Répu-
« blique. Les maisons nationales seront converties en casernes,
« et les places publiques en ateliers d'armes.

« Le sol des caves sera lessivé pour fournir du salpêtre.

« La levée sera générale.

« Les citoyens non mariés ou veufs marcheront les premiers.

« Les bannières porteront : « Le peuple français debout con-
« tre les tyrans, »

Mais, au contraire, que n'a t on pas fait pour endormir le peuple ? que n'a-t on pas fait pour lui faire croire
que nos armées remportaient des victoires dans les moments mêmes où elles étaient dans la plus complète déroute ; qu'elles étaient pourvues de tout, quand elles mou-
raient de faim et de froid : que le moral était excellent au
moment où nos soldats étaient découragés ; tout cela, sous
prétexte qu'il ne fallait pas effrayer le peuple, et ne pas
montrer notre faiblesse à l'ennemi. Mais aussi, si on
avait oublié les moyens qui ont assuré le succès aux
armées de 1792, on n'avait pas oublié que si le comité de
salut public avait décrété des victoires (que durant ses
dix-huit mois qu'il a existé, il a enregistré 27 victoires
dont 8 en batailles rangées, 120 combats, 80,000 ennemis
tués, 91.000 faits prisonniers, 116.000 places fortes ou villes
importantes conquises, dont 16 après siège et blocus, 227
forts ou redoutes enlevés, 3.000 bouches à feu, 70.000 fusils,
dix-neuf millions de kilogs de poudre, 90 drapeaux pris
l'ennemi, etc. etc....), il a fait jouer un grand rôle à la
guillotine, et l'on craignait de voir revenir des Danton,
des Marat, et des Robespierre qui eux seuls, cependant,
par leur attitude énergique, auraient pu anéantir l'effervescence des partis, les hordes sauvages de la Prusse, et
sauver la République française.

DISCOURS D'ADIEU DU COLONEL FÉDÉRAL AUX INTERNÉS FRANÇAIS

Le 19 mars, appel à 2 heures de l'après-midi, dans
la cour de la caserne : on nous annonce que nous partons
demain pour la France. Un discours d'adieu nous est lu

par le colonel suisse commandant les internés français à Bâle.

Bâle le 19 mars 1871.

Sous-officiers et soldats,

Vous allez retourner dans vos foyers et revoir votre chère et pour le moment malheureuse patrie.

Chacun de vous peut contribuer au bonheur de votre belle France qui, la première a semé les idées de la liberté et du progrès, en lui apportant son cœur, son dévouement. Estimez la liberté comme votre plus grand bonheur, et avec ce don du ciel vous pourrez vaincre tous les obstacles : vos malheurs, vos sacrifices supportés jusqu'à présent feront votre salut.

Chers amis, vous avez une belle et grande tâche à remplir, c'est de relever votre patrie au rang des nations qui lui est dû en Europe. Pour arriver à ce but, il faudra vous soumettre à une bonne discipline qui est la base de toute organisation militaire.

Au moment de me séparer de vous, je suis heureux de vous témoigner mon entière satisfaction de votre bonne conduite pendant votre séjour à Bâle. Les quelques-uns qui se sont écartés des devoirs, de la discipline, m'ont mis dans l'obligation de les punir, oublions cela.

Gardez de notre ville et de la Suisse un bon souvenir, en réciprocité de celui que nous conservons de vous.

Vive la France ! Vive la République !

L'inspecteur des troupes françaises internées à Bâle,

Signé : Samuel BACHOFEN
Colonel fédéral

Ce discours est applaudi de tous, un de nos camarades en pronouce un autre et, aussitôt, des cris de : Vive la France ! Vive la Suisse ! se font entendre.

Dans la soirée, les rues avoisinant notre caserne sont envahies par la foule. On entend les cris de « Vive la

France ! Vive la Suisse ! Vive la République ! » Quelques maisons sont illuminées par des feux de Bengale et des lanternes vénitiennes ; des pétards et des fusées sillonnent les nues et tombent ensuite dans les eaux claires et limpides du Rhin ! Cette petite fête en l'honneur des internés dure jusqu'à minuit, au détriment des sectaires de l'Allemagne.

Avant de quitter ce beau et noble petit pays et afin de nous donner une idée succincte des institutions de son gouvernement, on nous distribue un petit livre intitulé : *La République, souvenir de Suisse,* par Elie Ducommun. Il nous apprend comment on doit concevoir une République pour qu'elle soit un gouvernement bienfaisant et utile au peuple.

RENTRÉE EN FRANCE

Le 20 mars, à 4 heures du matin, la marche du régiment sonne comme aux jours des combats, c'est pour nous aujourd'hui le signal du départ.

Les habitants de Bâle nous donnent un drapeau sur lequel on lit cette inscription, qui est en lettres d'or : 42ᵉ *Régiment d'Infanterie de Marche, souvenir de Bâle.* De l'autre côté, sont les armes de la Suisse, et la crête de la hampe est surmontée d'une couronne de fleurs.

A 5 heures, nous arrivons près de la gare du chemin de fer, on nous fait monter dans les wagons, une foule compacte est à la gare comme au jour de notre arrivée. A 5 heures 10 minutes, le train s'ébranle et nous sommes dirigés sur les Verrières françaises. Partout sur notre passage nous remarquons avec admiration ce chemin de fer encaissé entre les montagnes neigeuses aux flancs desquelles des villas sont semées, ou couronnent le sommet des collines vertes qui se montrent par intervalles : elles paraissent et disparaissent presque aussitôt, sans que la rapidité de notre course nous permette d'en voir autre chose que la hardiesse de leur situation sur la pente de ces montagnes, les unes près de glisser sur un terrain rapide où s'échelonnent des ceps de vigne, les autres arrêtées sur une plate-forme entourées de sapins noirs et pareilles à des nids d'oiseaux cachés dans les branches ; quelques-unes dominant un précipice et ne laissant pas même deviner à l'œil, la place du chemin qui y conduit. Puis, au fond du paysage, le lac de Neufchâtel dominant tout cela ; à droite et à gauche, de hautes montagnes couvertes de neige, s'élèvent à pic au-dessus de nos têtes ; elles sont colorées par les rayons du soleil, elles se détachent sur un ciel bleu d'azur.

En passant près de Landron, le souvenir de la bonne hospitalité des habitants de ce village nous revient plus vivace à la pensée, chacun revoit l'état dans lequel il se trouvait quand il y passa le 6 février, c'est-à-dire presque dépourvu de vêtements et semblant avoir fait un pacte avec la mort pour vivre encore quelques jours. Aujourd'hui, au contraire, nous sommes tous bien portants et serions prêts à rentrer en campagne.

Nous ne pouvons maîtriser notre joie : des cris de vive la Suisse ! se font entendre en signe d'adieu à ces braves habitants. Le train semble jaloux de la joie que nous cause la présence de ces derniers ; il nous entraîne dans sa course furibonde. Déjà le village ne se voit plus et nous emportons dans nos cœurs le bon souvenir du peuple suisse et de notre douce captivité.

A deux heures de l'après-midi, nous arrivons aux Verrières françaises : on nous fait descendre des wagons, nous faisons une petite marche de deux kilomètres pour aller monter dans les wagons du train français qui nous attend près de La-Cluze. En faisant ce petit trajet nous revoyons la place des combats qu'on a livrés dans les vallées de La-Cluze le 1er février et les jours suivants ; la neige n'est pas encore fondue : elle semble vouloir perpétuer les traces sanglantes de ces combats, car elle porte encore les empreintes de la poudre et du sang et bien du matériel d'équipement est encore çà et là.

Dans plusieurs endroits, on voit que la terre a été remuée ; ce sont des tranchées que l'on a faites pour enterrer les soldats prussiens et français, des pieds de chevaux, des bras et des jambes d'hommes restent à découvert.

A quatre heures du soir nous montons dans les wagons, et nous sommes dirigés sur Bourg : en arrivant à Lons-le-Saunier, le train s'arrête, et nous descendons. Le poste prussien qui est à la gare est obligé de s'éloigner car beaucoup des nôtres ont pu retrouver leurs fusils à La-Cluze et aux Verrières françaises où ils les avaient cachés avant d'entrer en Suisse.

HIÉRARCHIE CIVILE ET MILITAIRE PENDANT
LA GUERRE 1870-71

Nous avons cru devoir relater, ici, les faits qui vont suivre pour donner un aperçu général sur les actes des administrations civile et militaire pendant cette campagne.

Le vingt-et-un, 2 heures du matin : le train se remet en marche et, à 7 heures, nous arrivons à la gare de Bourg : nous descendons de wagons, notre étonnement est grand en voyant de nombreuses files de wagons remplis de pain qui avait été destiné pour nos armées. On a préféré le laisser gâter au lieu de l'envoyer à nos soldats qui, après une longue journée de marche ou de combats, n'en avaient pas seulement un morceau pour assouvir leur faim. Ils n'avaient, pour passer la nuit, que ce linceul de neige et s'ils pouvaient faire du feu, il fallait aller chercher du bois dans les villages avoisinants nos bivacs, au risque de se voir dénoncer par les habitants et de recevoir douze balles dans la tête, le lendemain, avant le départ de la colonne.

Cependant, les feuilles de journées portaient bien chaque jour les rations de bois en dépenses, quoique, nous n'en touchions pas régulièrement. Ce n'était donc qu'au péril de leur vie qu'ils pouvaient avoir le combustible nécessaire pour alimenter ces faibles feux auprès desquels, souvent, beaucoup d'entre nous s'endormaient pour ne plus se réveiller que dans le séjour de Pluton.

Ce pain qui aurait pu sauver la vie à beaucoup de ces malheureux voués à une mort affreuse, est maintenant vendu à vil prix et acheté par des civils pour donner aux animaux de basse-cour. L'on nous fait mettre sur deux rangs sous prétexte que l'on va nous donner la solde et les vivres pour quatre jours, pour nous diriger ensuite sur Perpignan. Tous ceux d'entre nous qui peuvent justifier par une pièce quelconque qu'ils sont libérables à la fin de la guerre, reçoivent aussitôt des feuilles de route pour rentrer dans leurs foyers. Pour ceux qui restent l'Intendant nous dit de ne pas nous éloigner, qu'aussitôt que nous aurons reçu la solde et les vivres et que le train sera formé, nous partirons.

Le capitaine D..., qui doit nous conduire, reçoit l'argent pour quatre journées de route (l'intendant n'ayant pu trouver des vivres en quantité suffisante pour notre détachement).

Midi, une heure sonnent, le capitaine ne paraît pas ; une heure et demie, on nous fait monter dans les wagons. Nous sommes dirigés sur Lyon où nous arrivons à 4 heures et demie du soir. On nous fait descendre des wagons, nous nous dirigeons sur la place Belcour, chacun de nous cherche des yeux notre chef de bataillon. Nos recherches restent vaines. Arrivés sur la place Belcour, nous nous arrêtons et nous apprenons que le capitaine D.... est parti directement sur Perpignan en emportant la solde du détachement, qui s'élève à un peu plus de trois mille francs. On peut juger la tête que nous faisons en apprenant le départ précipité de notre chef de détachement et son acte de félonie. Notre position n'est pas très brillante ; la plupart d'entre nous n'ont pas d'argent ; alors, parmi nos sous-officiers se forme une députation pour aller au bureau de la place réclamer nos billets de logements ; ils nous sont refusés sous le prétexte que l'on ne sait pas par quel ordre nous nous trouvons à Lyon. Voyant que l'on ne veut pas nous loger, notre députation se rend près du chef de gare pour nous faire partir, celui-ci nous fait la même réponse et après quelques insistances, il donne pour prétexte qu'il n'a pas de wagons disponibles à la gare pour nous emmener. Enfin, voyant ces deux tentatives échouer, nous nous disposons à chercher un gîte pour la nuit : les plus heureux, comme partout, sont naturellement ceux qui ont de l'argent, ils vont loger en ville ; ceux qui n'en n'ont pas couchent pêle-mêle sur les planchers des salles d'attente de la gare du chemin de fer ; d'autres enfin, moins heureux encore, couchent sur les bancs du square de la place Belcour.

Vers minuit, parmi les voyageurs qui viennent prendre des billets à la gare avant le départ du train, se trouve un sous-intendant qui, pour passer, pousse du pied un de nos dormeurs en disant : « Avec des fainéants pareils, il n'est pas étonnant que la France soit vaincue ». Un des nôtres lui répond : il vous sied bien de venir nous insulter dans notre malheur, vous qui n'avez pas vu l'ennemi, vous dont l'administration nous a laissé avoir faim sur les champs de bataille, vous dont les vêtements n'ont pas été souillés par le sang et la poudre, vous qui n'avez eu que des beaux appartements pendant cette campagne, pendant que nous, nous n'avions le plus souvent que le linceul de neige pour lit. Nous sommes donc des misérables parce que nous avons défendu loyalement notre pays ? Nous sommes donc des misérables parce que nos vêtements sont en lambeaux ? Nous sommes donc des misérables parce qu'aujourd'hui notre chef de détachement nous a extorqué notre solde et que nous sommes obligés de coucher çà et là comme des pestiférés ?

Le sous-intendant ne trouvant ou ne voulant rien répondre à nos objections, juge prudent d'entrer dans la salle d'attente des premières avec son billet, puis tout rentre ensuite dans le silence.

Le 22, 9 heures du matin : voyant que nous sommes agglomérés sur la place Belcour et en face du bureau de la place, que l'on ne peut nous disperser par la force, qu'enfin des cris séditieux commencent à s'échapper de toutes parts dans nos groupes, on se décide à nous faire une distribution d'une ration de pain par homme, comme à des lions affamés, auxquels le dompteur donnerait un morceau de viande pour assouvir leur faim dans la crainte qu'ils ne brisent leurs chaînes.

A quatre heures du soir, une émeute éclate à la Guillotière, on vient aussitôt nous prévenir qu'il faut que nous partions. La veille on nous a dit qu'il n'y avait point d'ordre pour nous loger, point de wagons pour nous emmener ; maintenant on trouve des wagons et les ordres nécessaires pour nous faire partir à l'approche de l'émeute ; sans doute que les autorités civiles et militaires de la ville ont vu qu'elles n'avaient point gagné notre estime et qu'il est urgent, par notre départ forcé, de retirer 600 hommes déterminés à l'émeute. A 6 heures du soir, le train s'ébranle et nous sommes dirigés sur Cette.

Le 23, 6 heures du matin : nous arrivons dans cette dernière ville ; nous descendons des wagons et on nous donne l'ordre de nous rassembler sur la place de la gare à une heure de l'après midi. Nous allons profiter de ces quelques heures de répit pour visiter la ville.

Cette ville est bâtie en amphithéâtre : sur un de ses flancs, ses maisons sont parsemées de quelque feuillage que les feux de l'aurore dorent de mille couleurs. Au loin, à l'horizon, le montCanigou, ce géant des Pyrénées, montre sa tête couronnée de neiges éternelles, au-dessus de ses campagnes stériles, élevant sa cime jusqu'aux nues. A l'intérieur, la ville n'offre rien de remarquable que son commerce actif : elle a une population de 24.000 habitants.

Une heure, comme l'ordre nous a été prescrit ce matin, nous sommes tous rassemblés sur la place de la gare. On nous fait monter dans les wagons et, cette fois, nous sommes dirigés sur Perpignan.

Quel contraste de température entre les Pyrénées et les montagnes du Jura : ces dernières ainsi que leurs vallées, sont encore couvertes de neige, ici, le soleil a déjà sa chaleur d'été, et partout sur notre passage, nous pouvons admirer à notre droite les beaux paysages des Cévennes et des Pyrénées. Que de précipices à traverser pour franchir ces chaînes de montagnes ; de grands ponts d'une seule arche s'élancent d'un flanc à l'autre au-dessus de ces précipices, rien de plus imposant que la structure et la situation de ces constructions jetées dans l'espace et nageant dans l'air blanc et humide qui semble tomber à regret dans les ravins.

Les routes, dans quelques-uns de ces défilés, s'élèvent en forme de spirales autour des rochers dont les pointes aigües sont couvertes de neiges éternelles ; à leurs pieds s'étendent des gazons toujours verts, émaillés de mille fleurs qui répandent les plus doux parfums.

La vigne, le figuier, le grenadier, l'olivier et beaucoup d'autres arbres couvrent les plaines, et en font de grands jardins. Là, c'est un bois qui semble couronner une montagne et forme une nuit que les rayons du soleil ne peuvent percer, on n'y entend que le chant des oiseaux ou le bruit des ruisseaux qui se précipitent du haut des rochers, et tombent à gros bouillons pleins d'écume en s'enfuyant à travers la campagne, et par leurs mille détours semblent se jouer au milieu de ces belles vallées et ne vouloir plus quitter ces lieux enchanteurs.

Le train a bientôt franchi l'espace qui nous sépare de Perpignan ; nous sommes à quatre kilomètres de cette dernière ville, nous apercevons déjà les hautes tours crénelées de son castillet, sa citadelle et ses fortifications construites par le célèbre ingénieur Vauban.

Sur la gauche, l'horizon est formé par la mer ; sur la droite, ce sont des montagnes et des rochers qui semblent élever leur crête jusqu'aux nues. Enfin, le soleil est déjà caché derrière la crête neigeuse du Canigou, et semble, par ses derniers crépuscules, ne pas vouloir se lasser d'éclairer ce magnifique panorama formé à souhait pour le plaisir des yeux.

A 8 heures du soir, le train s'arrête : nous sommes à Perpignan ; on nous fait descendre des wagons, et l'on nous conduit à la citadelle. Ici, contrairement à notre arrivée dans notre lieu d'internement en Suisse, où tout était préparé pour nous recevoir, nous n'avons que le froid et humide pavé des chambres de cette ancienne forteresse. La salle de police ou la prison sont réservés pour ceux d'entre nous qui ont la témérité de réclamer les droits de leurs camarades, c'est-à-dire à notre chef de détachement, qui se trouve en ce moment à la caserne, la solde de nos quatre journées de route.

Nous sommes obligés de nous coucher sans manger. En voyant ces actes de brutalités commises contre ceux qui ont réclamé, combien nous regrettons de ne plus être en campagne. Là, au moins, la peur de nos balles nous ferait respecter de ce fier officier qui, après avoir extorqué 3.000 francs à de pauvres soldats, prend la devise des Prussiens. « La force prime le droit », parce qu'il se trouve dans une citadelle où salles de police, prisons, cachots sont à sa disposition pour y incarcérer ceux qu'il lui plaira.

Oh ! armée française, voilà avec quelle discipline on va te conduire, sous le prétexte que tu n'as pas fait ton devoir sur les champs de bataille. Quant à ceux qui t'ont conduite, ils disent que si tu as été vaincue, c'est le manque de discipline dans les rangs, bien que des milliers de tes soldats sont tombés sous les balles de la cour martiale, et que Frœschviller, Wissembourg etc... prouvent que chaque fois que tu t'es présentée devant l'ennemi, tu lui as fait payer cher ta présence.

Le 24, à la pointe du jour, en nous réveillant, nous apercevons des légions de poux sur le pavé : chacun s'empresse de se lever pour fuir au plus vite cette armée d'un

nouveau genre. La caserne est consignée pour notre détachement. Nous n'avons point de vivres et le plus grand
nombre d'entre nous n'ont point d'argent. Nous sommes
obligés d'aller solliciter nos nouveaux camarades du 42e
de Ligne pour partager avec nous leur gamelle et leur
pain.

Le 25, au matin, nous n'avons pas encore de soupe,
sous le prétexte qu'aucun de nous n'a voulu se lever pour
la préparer (ce qui est complètement faux).

Enfin, à 5 heures du soir, on sonne à la soupe, et on
nous fait une distribution de pain : nous sommes, à partir de ce jour, traités comme nos nouveaux camarades,
notre détachement forme le 4e bataillon du 42e de Ligne.

Nous ne saurions passer sous silence l'acte de probité
du capitaine Girardot, car il prouvera que si nous avons
eu des capitaines D.... (voir page 141) nous possédions aussi dans nos chefs des capitaines Girardot. Le 29 mars
1871, l'arrivée de M. Girardot est annoncée ; cette nouvelle est accueillie avec joie par les soldats de son ancienne
compagnie, car le soir de Beaune-la-Rolande (voir page 45)
après avoir laissé notre capitaine dans l'ambulance prussienne, nous ne comptions plus le revoir.

A 10 heures du matin, l'on fait rassembler dans la
cour de la citadelle les trente-trois survivants sur les 240
hommes dont se composait, au début, la 2e compagnie du
2e bataillon. M. Girardot après avoir demandé des nouvelles de tous les présents et de ceux qui ne viendront
plus, nous annonce qu'au moment ou il a été blessé il
était porteur du bon de l'ordinaire s'élevant à 198 fr. et
qu'il va faire remettre à chacun sa part qui s'élève pour
chaque survivant à la somme de 6 fr. Cet acte de probité
est accueilli avec reconnaissance par tous, et nous lui
souhaitons bonne chance au 8e de Ligne notre ancien

régiment, Messieurs les officiers étant dirigés sur leur ancien régiment.

Le 1er juin 1871, on nous fait enlever les numéros jaunes qui sont sur nos képis pour nous en faire mettre des rouges comme ceux du 42e de Ligne. — N'ayant plus de marque distinctive avec ce régiment, nous arrêtons ici l'historique du 42e Régiment d'Infanterie de Marche.

LA FRANCE ET L'ALLEMAGNE EN 1874

Malgré ses revers, la France pourra rendre avant peu, au centuple, les défaites que l'Allemagne lui a infligées.

La France est un grand pays ; mais surtout une grande nation ; elle a été écrasée, surprise dans un moment d'abandon et les Allemands sont aux abois, ils sont sans le sou.

La France a des plus-values ; chaque année, il y a des excédants de revenus ! L'armée française se rétablit sur des bases telles qu'elle menace d'être, d'un bon tiers, supérieure à celle de l'Allemagne par le nombre car la France est assez riche pour faire passer tous ses enfants sous les drapeaux, et l'Allemagne laisse ce qu'on ignore trop, un tiers du contingent sans l'appeler, faute de fonds. Paris, Langres, Verdun, Lille, Toul se couvrent de forts, et quand l'Allemagne aura dépensé le dernier thaler des cinq milliards, elle n'aura plus où puiser pour terminer et entretenir ses fortifications et ses armements.

Elle aura peur, oui peur.

La preuve en est dans cette guerre qu'elle voulait faire cette année même et qu'elle eût faite pour écraser la France avant qu'elle ne fût entièrement réorganisée, si elle avait trouvé un allié.

Mais personne ne voulait s'unir à elle, et seule, elle n'a pas osé recommencer l'invasion.

Je verrais la France conquise, que je ne m'en effraierais pas pour elle, car, comme la Grèce vaincue par Rome, imposa à Rome ses poètes, ses rhéteurs, ses peintres et ses sculpteurs, de même la France conquérerait ces barbares, par la puissance de son génie. Les écrivains de l'Allemagne sont lourds ; ils en sont réduits à traduire les romanciers français ; le monde achète les tableaux et les statues des artistes français ; le goût français triomphe partout ; chaque exposition est un triomphe pour lui.

La France ayant eu ce malheur d'oublier sa mission et de s'endormir au lieu de marcher à l'avant-garde des nations, la loi providentielle l'a frappée et elle s'est réveillée sous le talon de l'Allemagne.

Mais la leçon a profité.

L'Allemagne a été l'instrument de la Providence, mais sa tâche sanglante terminée, son influence s'affaisse, son prestige tombe !

Il ne lui reste plus de sa gloire que la honte d'avoir volé les pendules, de s'être montrée rapace au delà de toute idée et d'avoir reculé devant une entrée effective de Paris.

J. GUYARD
Sergent au 17ᵉ de Ligne

Béziers, le 30 juin 1874.

TABLE DES MATIÈRES

Introduction................................... I
Avant-propos..... 1

PREMIÈRE PARTIE

ARMÉE DE LA LOIRE.......................... 3

La déclaration de guerre. — Sarrebruck. —
Sedan. — Le 4 Septembre. — Départ. — Compagnies de guérillas sur la Loire. — Une
aurore boréale. — L'inconvénient du bivac.—
1re Armée de la Loire. — Fausse alerte. — Un
prêtre patriote. — Dialogue. — Le *Chant du
Départ.*

DEUXIÈME PARTIE

ARMÉE DE L'EST............................. 73

Villersexel. — Héricourt. — L'armistice. —
Les forts de Jougne.

TROISIÈME PARTIE

CAPTIVITÉ ET RENTRÉE EN FRANCE............... 122

. Captivité.— Le colonel Charras. —Discours
d'adieu du colonel fédéral aux internés français. — Rentrée en France. — Hiérarchie
civile et militaire pendant la guerre de 1870-71.
— La France et l'Allemagne en 1874.

LÉGENDE du PLAN 1

Pointes de reconnaissances françaises.

Pointes de reconnaissances allemandes.

»

»'

»

»

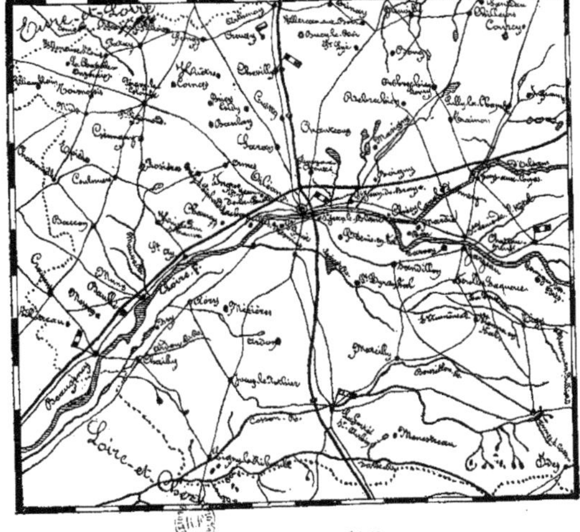

ENVIRONS D'ORLÉANS

LÉGENDE du PLAN 2

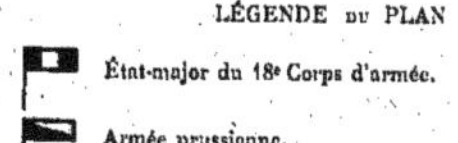

État-major du 18e Corps d'armée.

Armée prussienne.

Batterie d'artillerie du 18e Corps d'armée.

42e de Marche (en avant du bouquet de bois et la cavalerie en tête).

Infanterie prussienne (le long de la route devant Quiers
avec la cavalerie en tête).

LADON, 27 novembre 1870 — Combat de cavalerie

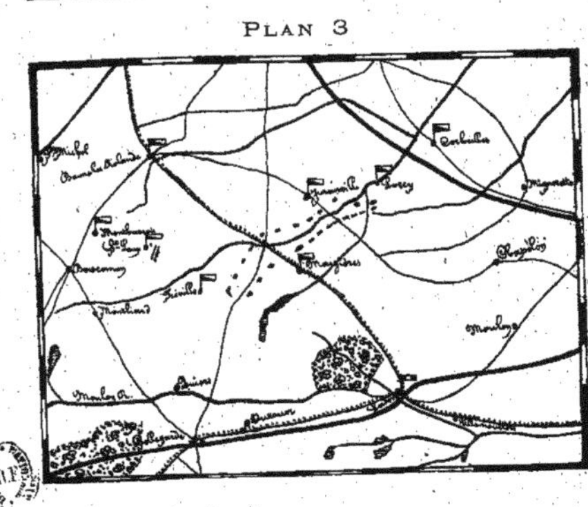

LÉGENDE du PLAN 3

État-major du 18e Corps d'armée.

Armée prussienne.

Batterie d'artillerie prussienne.

6e Bataillon de Chasseurs.

42e de Marche (de Maizières à Lorcy).

Infanterie prussienne (de Fréville à Lorcy).

*BAUME-LA-ROLANDE, 28 novembre 1870 — Commen-
cement du combat*

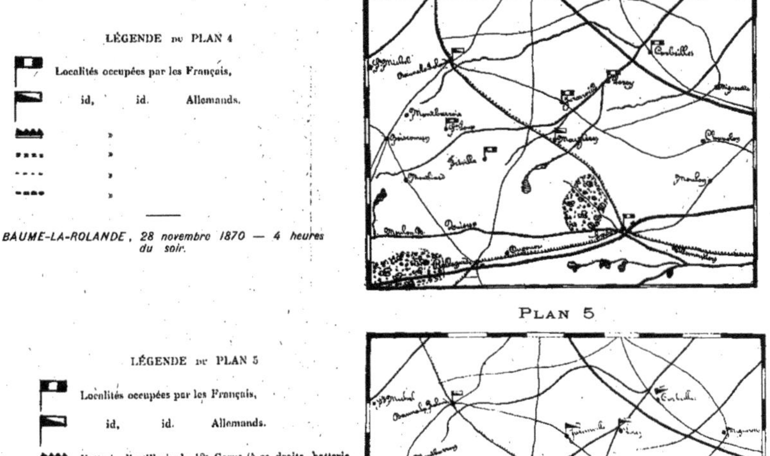

LÉGENDE DU PLAN 4

Localités occupées par les Français,

    id,   id.   Allemands.

           »

           »

           »

           »

BAUME-LA-ROLANDE, 28 novembro 1870 — 4 heures du soir.

LÉGENDE DU PLAN 5

Localités occupées par les Français,

    id,   id.   Allemands.

Batterie d'artillerie du 18e Corps (à sa droite, batterie d'artillerie du 16e Corps).

    »

42e de Marche (à sa gauche, garde mobile du Cher).

    »

LADON, 29 novembre 1870 — 4 heures du soir

LÉGENDE du PLAN 6

Localités occupées par les Français,

id, id. Allemands.

Batterie d'artillerie du 18e Corps. — (En avant de Maizières, batterie allemande).

Garde mobile du Cher.

42e de Marche.

Infanterie allemande.

MAIZIÈRES, 30 novembre 1870 — 1 heure du soir

LÉGENDE du PLAN 7

Localités occupées par les Français,

id, id. Allemands.

Batterie d'artillerie du 18e Corps. — (En avant de Maizières, batterie allemande).

Garde mobile du Cher.

42e de Marche.

Infanterie allemande.

MAIZIÈRES, 30 novembre 1870 — 4 heures du soir

PLAN 6

PLAN 7

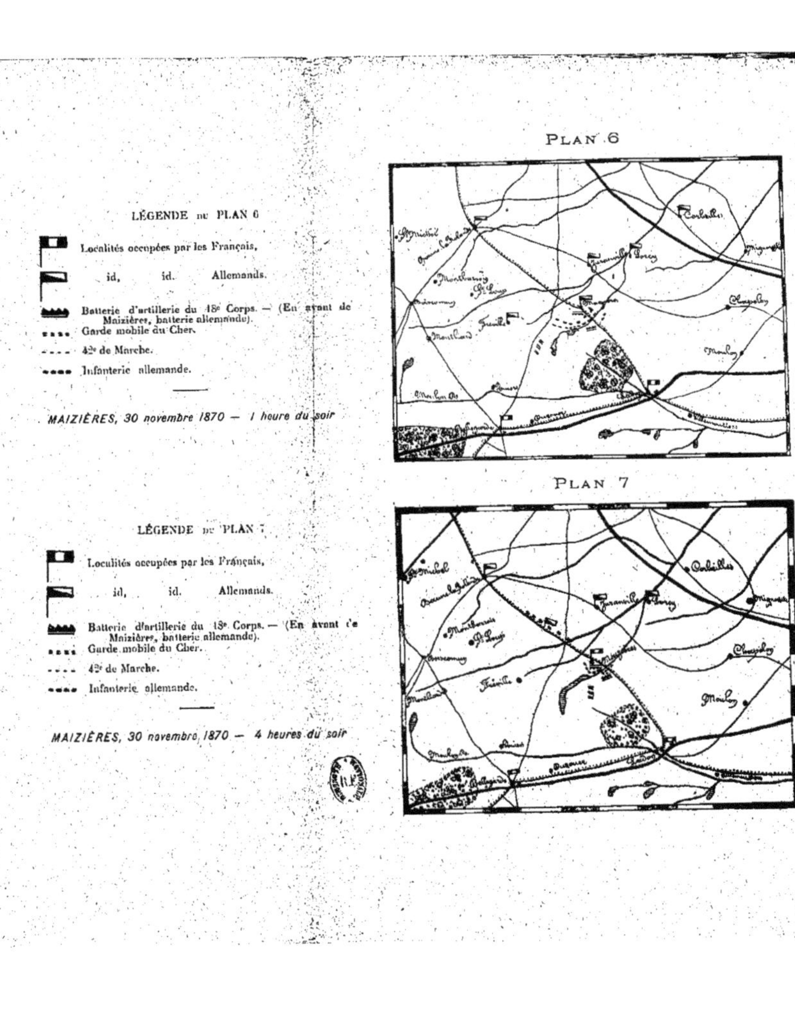

LÉGENDE du PLAN 8

Localités occupées par les Français.

id, id. Allemands.

▬▬▬ Garde mobile du Cher.

– – – 42e de Marche.

▬▬▬ Infanterie allemande.

MAIZIÈRES, 30 novembre 1870 — 9 heures d…

LÉGENDE du PLAN 9

Localités occupées par les Français.

id, id. Allemands.

Batteries d'artillerie des 15e et 18e Corps, … terie
allemande en arrière d'Ouzouers-s-Loire et … Bully.

▬▬▬ Garde mobile du Cher.

– – – 42e de Marche.

▬▬▬ Infanterie allemande.

*GIEN, 7 décembre 1870 — Combat du 15e Corps d'armée
contre 40.000 allemands.*

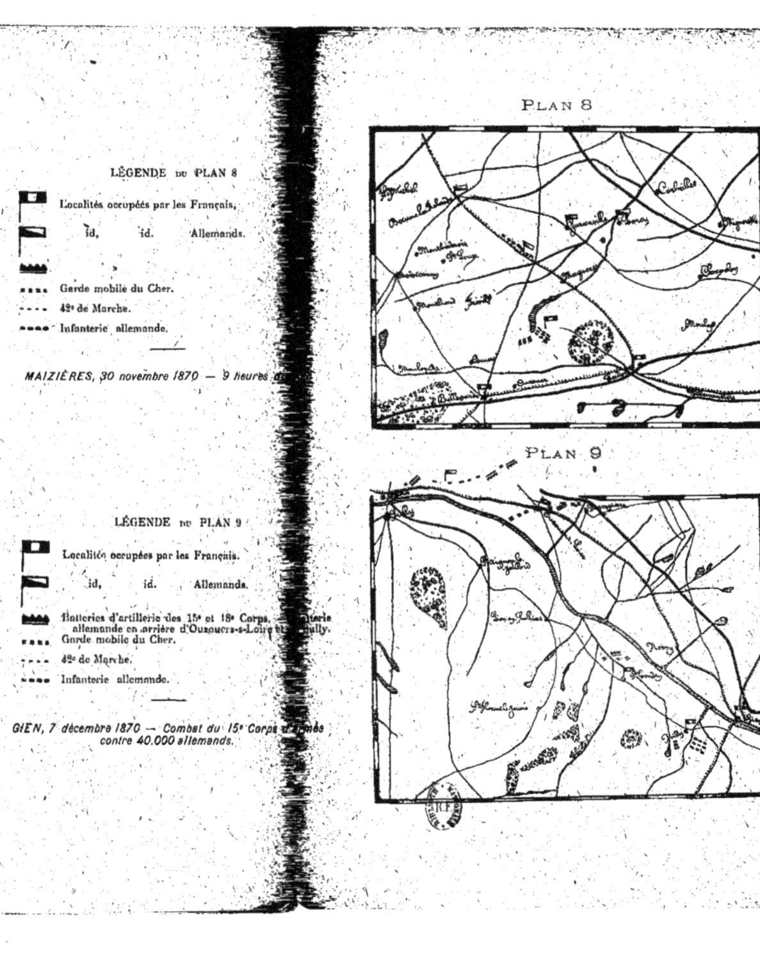

LÉGENDE DU PLAN 10

Localités occupées par les Français.

id,   id.   Allemands.

15e Corps à gauche de Gien.
42e de Marche.

GIEN, 7 décembre 1870, après le combat — 8 heures.
du soir

LÉGENDE DU PLAN 11

Localités occupées par les Français.

id,   id.   Allemands.

Batterie d'artillerie du 18e Corps.

15e Corps d'armée et sa batterie d'artillerie entre Mailley et Le-Magnivray.
42e de Marche.
Infanterie allemande.

MAILLEY, 5 janvier 1871 — 5 heures du soir

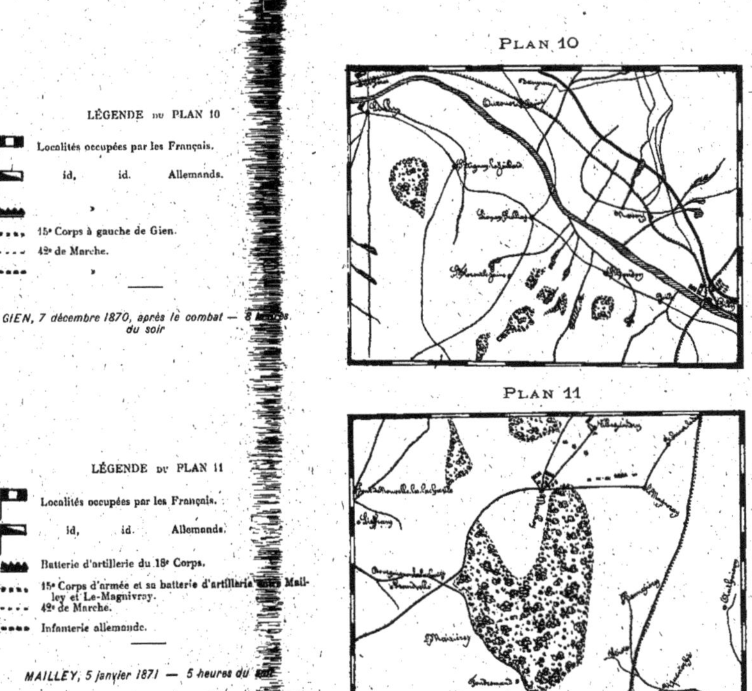

PLAN 10

PLAN 11

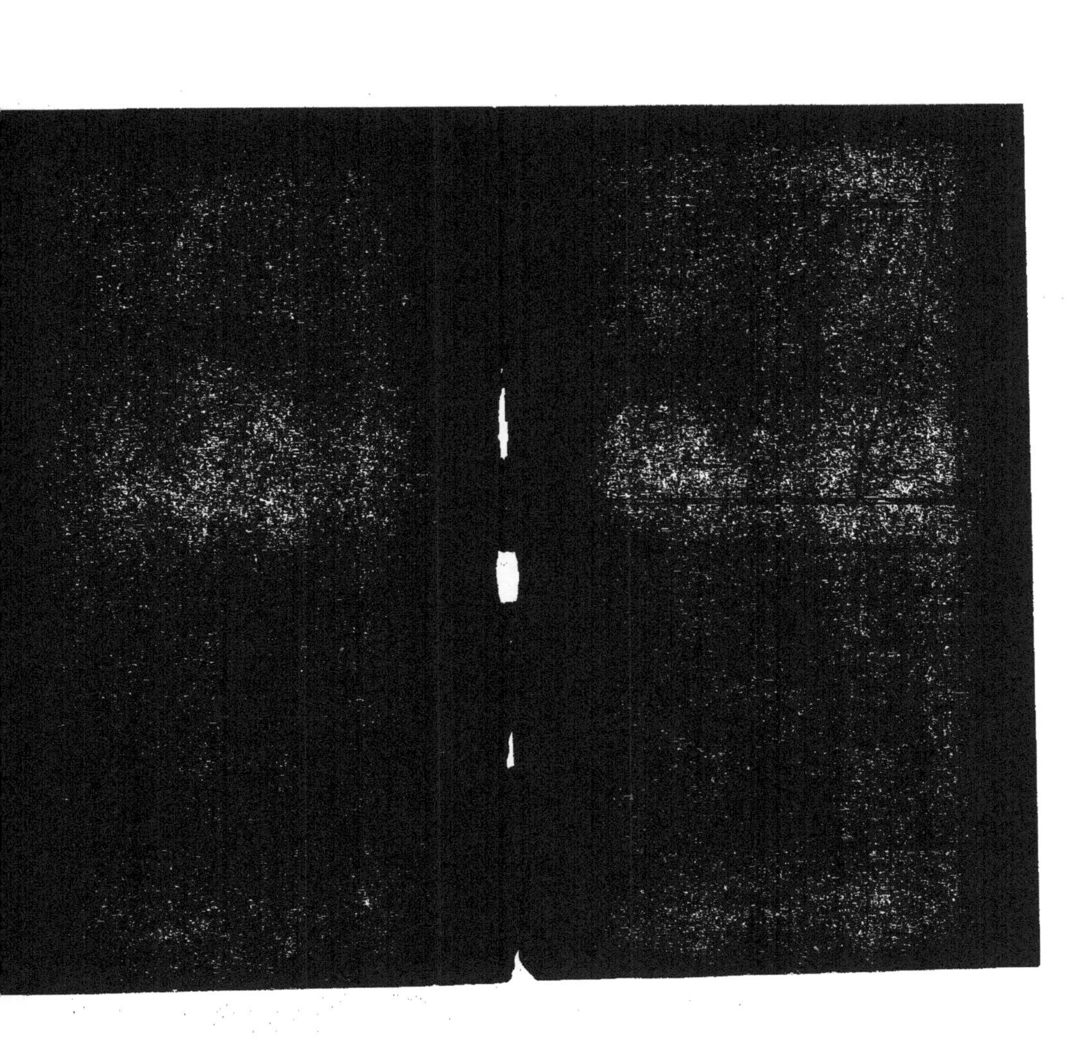

LÉGENDE DU PLAN 14

Localités occupées par les Français.

id.   id.   Allemands.

Batteries d'artillerie des 15e et 18e Corps.

Garde mobile du Cher.

42e de Marche. — Le 15e Corps à Pont-

VILLERSEXEL, 9 janvier 1871 — 8 heures

LÉGENDE DU PLAN 15

Localités occupées par les Français.

id.   id.   Allemands.

Batteries d'artillerie des 15e et 18e Corps
du bois de Mont-Vaudey, batterie
6e Bataillon de Chasseurs et garde mo

42e de Marche (le 15e Corps entre les b
lerie et Champey).
Infanterie allemande.

HÉRICOURT, 15 janvier 1870 — 4 heures

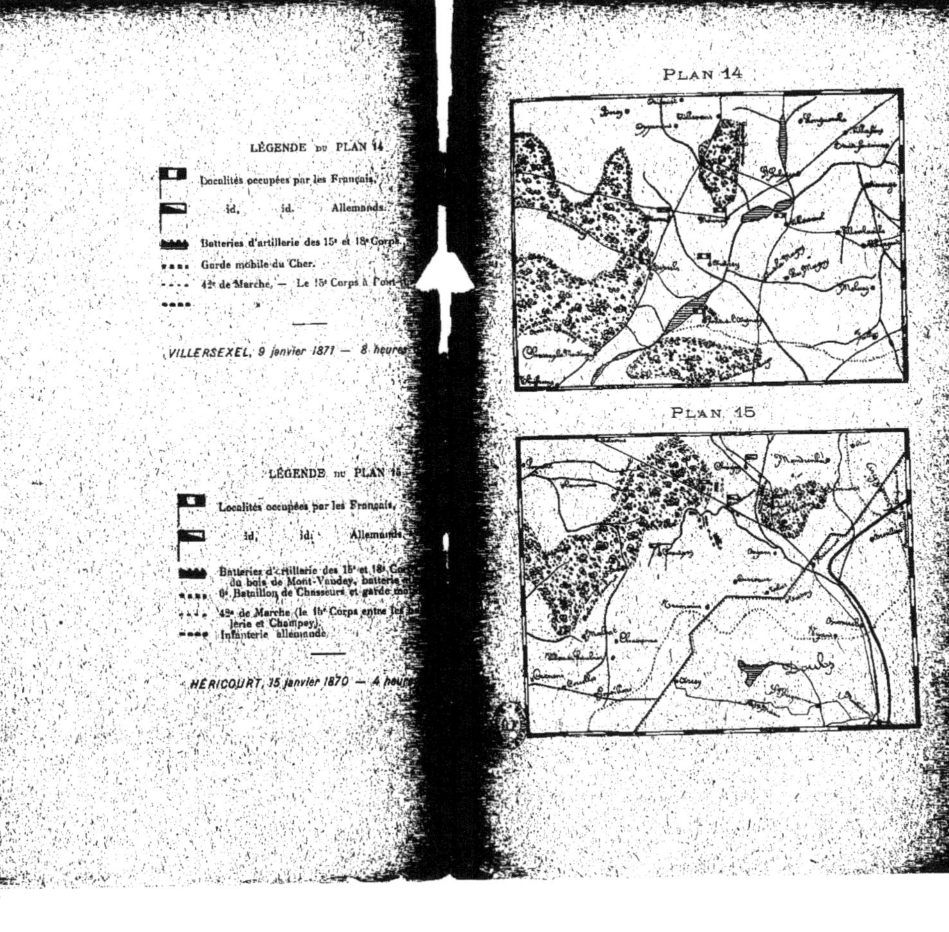

LÉGENDE du PLAN 16

Localités occupées par les Français.

id.   id.   Allemands.

Batterie d'artillerie du 18e Corps. — (En a...
de Mont-Vaudey, batterie allemande).
6e Bataillon de Chasseurs et garde mobile...

42e de Marche.

Infanterie allemande.

HÉRICOURT, 15 janvier 1871 — 6 heures...

LÉGENDE du PLAN 17

Localités occupées par les Français.

id.   id.   Allemands.

Batterie d'artillerie des 15e et 18e Corps...
du bois de Mont-Vaudey, batterie allem...
Garde mobile du Cher.

42e de Marche.

Infanterie allemande.

HÉRICOURT, 20 janvier 1871 — 8 heures...

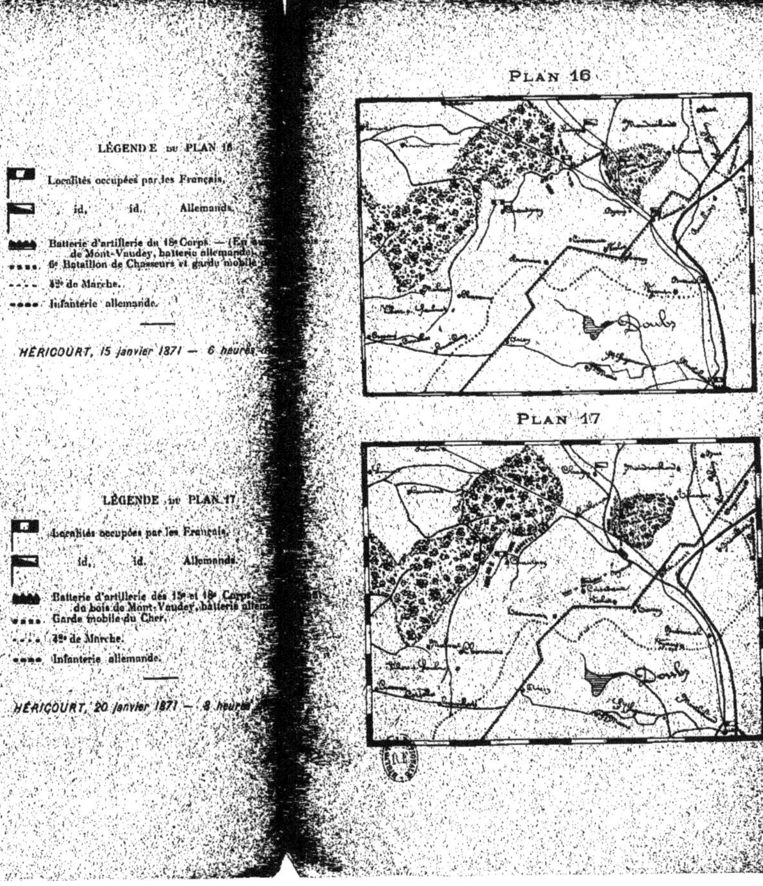

LÉGENDE du PLAN 18

Localités occupées par les Français,

id, id. Allemandes.

Batterie d'artillerie allemande.

Cavalerie du 18e Corps (à sa droite la [garde ?]
Cher et le 6e Bataillon de Chasseurs
43e de Marche (le 3e bataillon en avant du

Infanterie allemande (en avant de [Pont ?]
Laplanée et Granges-Narboz).

LA-CLUSE (Fort de Joux) 1er février 1871, 7 h[eures]

LÉGENDE du PLAN 19

Localités occupées par les Français,

id, id. Allemandes.

Batterie d'artillerie allemande.

Garde mobile du Cher.

43e de Marche.

Infanterie allemande.

Fort de Joux.

*LA-CLUSE (Fort de Joux), nuit du 1er au 2
minuit.*

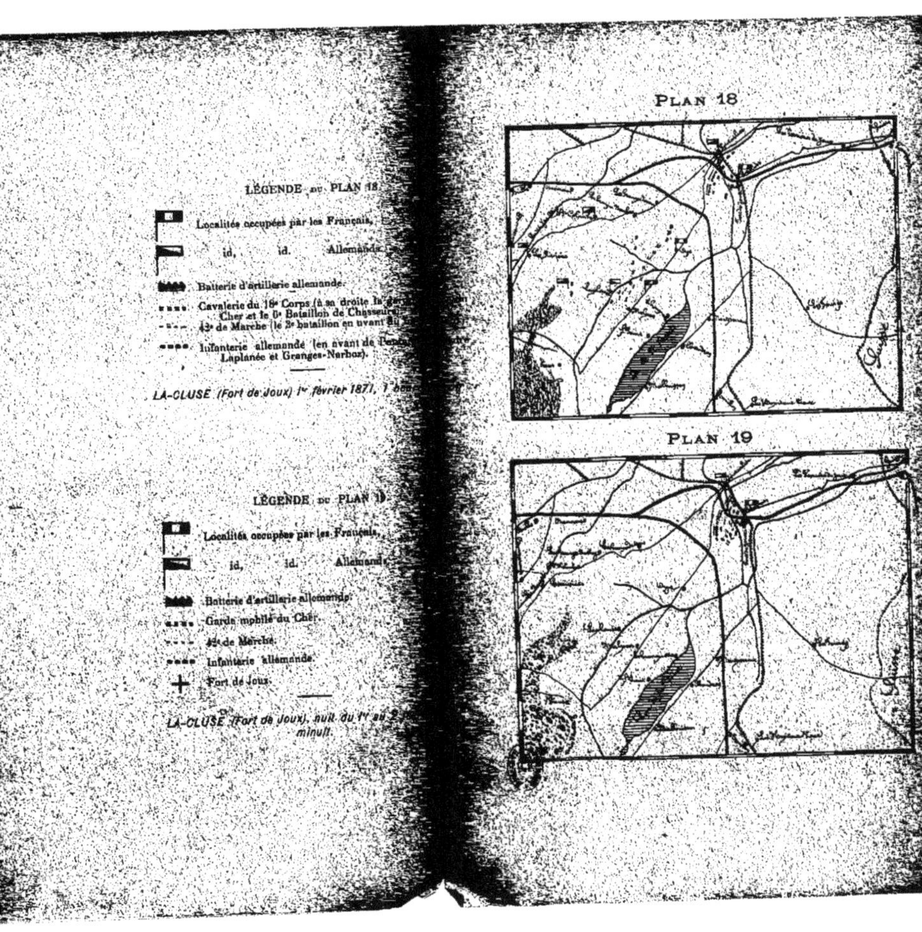

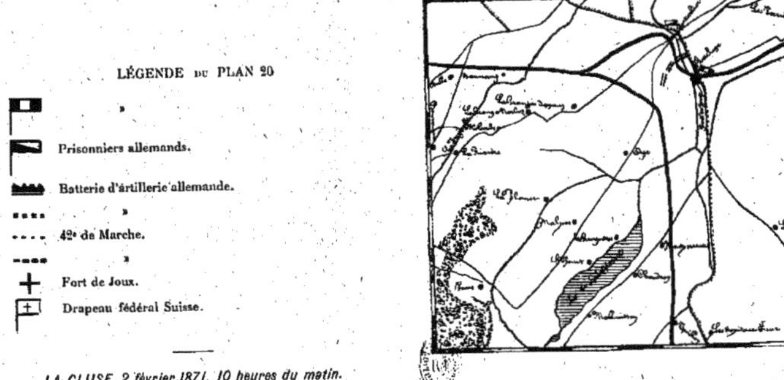

LÉGENDE du PLAN 20

  »

Prisonniers allemands.

Batterie d'artillerie allemande.

  »

42ᵉ de Marche.

  »

Fort de Joux.

Drapeau fédéral Suisse.

LA-CLUSE 2 février 1871, 10 heures du matin.
Entrée en Suisse du 42ᵉ de Marche et des prisonniers
prussiens.

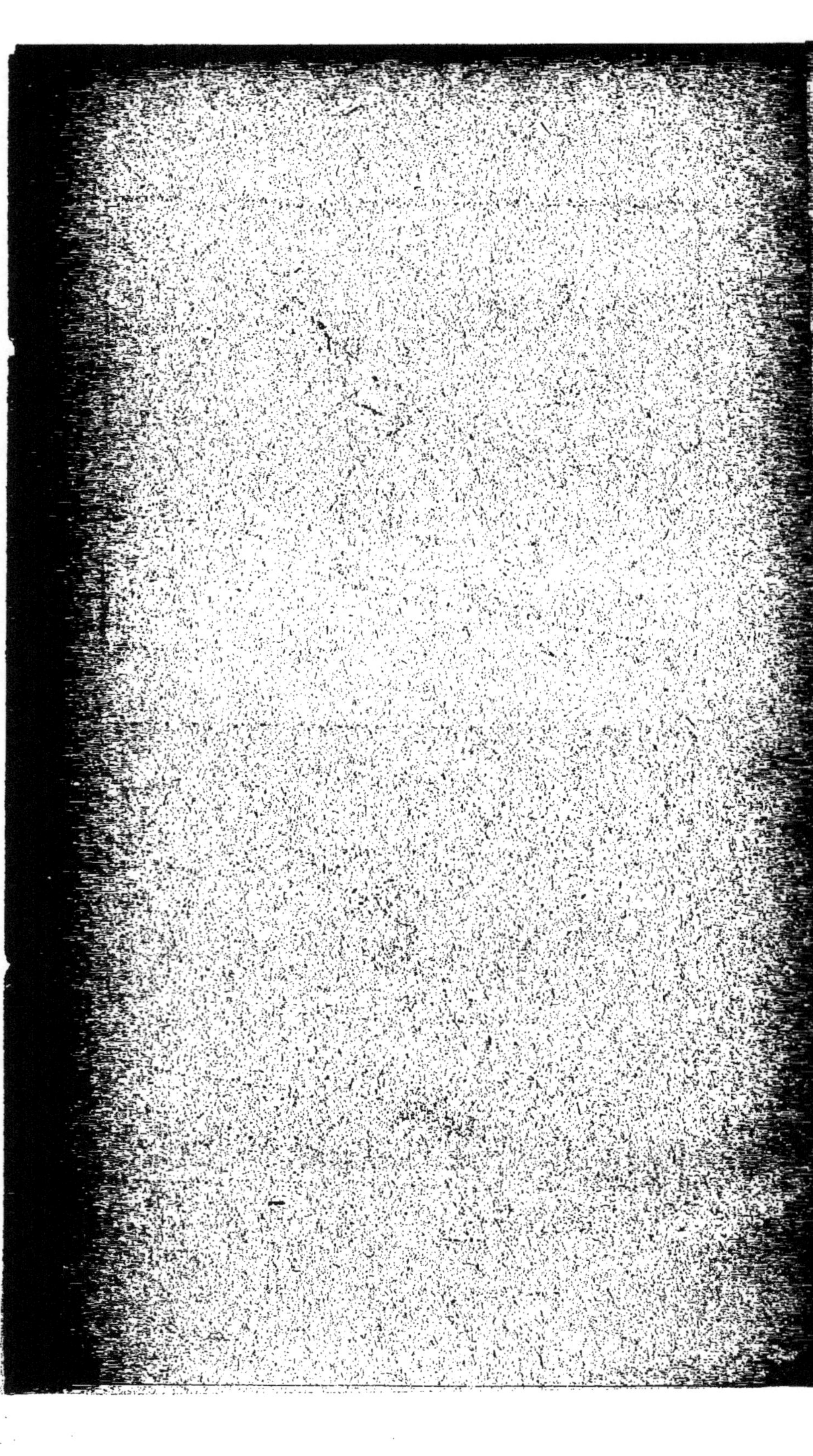

www.ingramcontent.com/pod-product-compliance
Ingram Content Group UK Ltd.
Pitfield, Milton Keynes, MK11 3LW, UK
UKHW021928070726
13614UKWH00001B/316